기질별 자녀 양육 신호등

기질별
자녀양육
신호등

초판 1쇄 인쇄 • 2019년 10월 15일
지은이 • 이상열
펴낸이 • 이승훈
펴낸곳 • 해드림출판사
주 소 • 서울 영등포구 경인로82길 3-4(문래동1가 39)
　　　　센터플러스빌딩 1004호(우편07371)
전 화 • 02-2612-5552
팩 스 • 02-2688-5568
E-mail • jlee5059@hanmail.net

등록번호 • 제2013-000076
등록일자 • 2008년 9월 29일

* 책값은 표지에 있습니다
* 잘못된 책은 바꿔드립니다

ISBN 979-11-5634-371-4

기질별
자녀 양육
신호등

이상열 지음

 해드림출판사

시작하는 글

    필자의 인생에 있어서 몇 번의 결정적인 만남이 있었다. 그 가운데 하나가 2006년도에 기질과 도형심리라는 학문과의 만남이었다. 이 학문을 만나는 순간 '이것은 내 것이다.', '여기에 내 인생에 답이 있을 수도 있겠다.' '나의 미래를 투자해도 될 것 같다.' 는 생각을 하면서 공부를 하기 시작했다.

    서점에 가서 기질과 도형이란 단어가 들어간 책은 무조건 구입하여 읽기 시작하였으며, 세미나 참석과 인터넷으로 기질에 대한 자료를 검색하여 내 것으로 만들기 시작했다.

    기질과 도형심리 강의를 하면서 '기질에 맞는 자녀 양육 방법'이 있으면 좋겠다는 생각을 하게 되었다. 그리고 기질별 자녀 양육에 관한 책을 찾기 시작하였고 강의와 상담을 하면서 다음과 같은 이유로 '기질별 자녀 양육 방법'에 대한 책을 써야겠다는 비전을 가지게 되었다.

    첫 번째, 기질의 특성이 너무나 잘 맞고 쉽게 접근할 수 있었기 때문이었다.

두 번째, 타고난 기질이 다르기에 자녀 양육 방법이 달라야 한다.
강의와 상담을 하면서 기질마다 성격과 행동유형이 달랐으며, 생각과 추구하는 가치와 능력도 달랐다. 심지어 기질마다 사랑의 언어도 다르다는 것을 알게 되었다. 한의원에서 체질에 따라 약을 달리 처방하듯이 '기질에 맞는 자녀 양육법'이 반드시 필요하다고 생각했다.

세 번째, 5세 이전에 타고난 기질을 발견할 수 있기 때문이다.
프로이드를 비롯하여 교육심리학자들은 5세 이전에 성격의 80% 가까이 형성된다고 주장한다. 5세 이전에 타고난 기질을 알고 기질에 맞는 자녀 양육 방법을 습득하게 된다면 얼마나 좋을까를 생각하면서 기질별 자녀 양육 방법에 대한 책을 쓰게 되었다.

기질과 도형 심리 상담을 만나기 전에는 상담하는 것이 힘들 때도 있었고 한계를 느낄 때도 많았다. 도움을 줄 수 없는 것 같아서 미안한 마음도 많았다. 하지만 기질과 도형 심리를 만난 후에 상담하는 것이 너무 행복했다. 기질적 특성이 너무 잘 맞기에 상담이 즐거웠다. 기질마다 성격과 행동 특성 그리고 사랑의 언어. 양육 방법을 알고 있었기에 상담 자체가 행복했다.

이 책을 통하여 부모와 자녀, 그리고 다음 세대와 함께 하는 모든 이들이 행복했으면 한다.

2019년 9월
이상열 교육학 박사(Ph. D)

엄마에게 보내는 글

힘들었지, 엄마!

나 같은 자식 키우느라고.

한없이 가난하면서 5남매 키운다고.

성질이 지랄 같은 나를 보면서.

고마워 엄마!

왜 나를 낳았느냐고 반항하는 나에게.

쟤가 앞으로 뭐가 되도 될 것 같다.

그렇게 말해줘서.

미안해 엄마!

비가 와서 형산강이 범람했을 때.

날 걱정하며 밤새도록 기다린 엄마에게.

날 왜 기다려, 언제부터 나를 걱정했느냐고 말해서.

기억이 난다 엄마!

엄마 아팠을 때 손을 잡고 함께 불렀던 노래.

한 많은 이 세상...

그대 흘린 엄마의 눈물.

엄마 고마워!

늘 내 곁에 있어 줘서.

오래오래 참고 기다려 줘서.

못 난 아들 믿어줘서.

보고 싶다 엄마!

꿈에서라도 보고 싶다.

내가 좀 더 일찍 깨달았다면.

살아계실 때 철이 들었더라면...

듣고 싶다. 엄마!

내 새끼야 정말 잘 컸구나.

그렇게 속 썩이더니 뭐가 되긴 되었구나.

사랑한다, 내 새끼야.

잘 커 줘서 고맙다. 내 새끼야!

내 평생 소원이다.

엄마! 내가 많이 변했지

사고만 치던 못난 아들이.

부모 교육 강사가 되어 강의하는 모습을.

성격이 더럽고 어리한 아들이 변화된 모습을.

지지리도 공부를 못한 아들이 박사 학위를 받은 모습을.

쟤가 뭐가 되도 될 것 같다고 한 엄마의 말의 힘이 아니었을까?

내가 쓴 책 봤어요. 엄마!

자녀 양육을 다룬 『맘 신호등』

치유를 다룬 『분노 신호등』

부부의 행복을 위한 『부부 신호등』

아버지의 사랑을 나눈 『아버지 신호등』

잘했지, 엄마.

내가 책을 다 쓰다니.

머리 한번 쓰다듬어줘요.

잘했다, 내 새끼! 칭찬해 줘.

난 네가 그렇게 될 줄 알았다고 한번 안아 줘.

엄마! 많이 아팠지.

너무 일찍 치매를 앓으신 엄마!

무슨 한이 그렇게 많으셨는지.

자식이 얼마나 속을 썩였으면 기억하기 싫었을까?

삶이 얼마나 고달팠으며 생각하기 싫었을까?

엄마! 미안해.

엄마! 고마워.

힘들었지 엄마!

보고 싶다 엄마!

영원히 내 안에 있는 엄마!

엄마의 그 사랑 내 가슴에 있다.

엄마의 목소리 내 마음에 있다.

엄마의 얼굴 표정 내 기억에 있다.

엄마의 눈빛, 내 눈에 담겨 있다.

엄마의 사랑으로 세상을 살아갈게

2019년 9월

엄마를 그리워하는 못난 아들 상열이가

목차

1장

성격은 타고난 것일까?
후천적으로 형성되는 것일까?

1. 성격의 종류

사람의 성격은 너무나 다양하지만 크게 세 가지로 나누어 설명할 수 있다. 첫 번째, 타고난 성격으로 기질(Temperament)이 있으며, 두 번째, 탄생한 이후에 교육과 환경, 문화, 관습 등에 의해 형성된 후천적 성격(Character)이 있고, 세 번째, 성장하면서 기질과 성격의 약점을 극복하기 위하여 노력한 훈련한 성격, 즉, 인격(Personality)이 있다.

1) 타고난 성격 - 기질 (Temperament)

기질(Temperament)은 타고난 성격이다.

부모가 나를 잉태할 때 창조한 것이 아니며 내가 만든 것도 아니다. 전적으로 하나님이 창조하신 것이다. 하나님은 '나'를 창조할 때 무한한 가능성이라는 씨앗을 주셨다. 무한한 가능성의 씨앗을 잘 활용하여 행복하고 멋진 인생을 살고 창조적인 작품을 만들라고 하셨다.

타고난 기질에 대하여 사람들은 연구를 많이 했다.

유한한 인간이 무한하신 하나님이 창조한 인간의 기질을 연구하는 데에는 한계가 많다. 장님이 코끼리를 만져보고 모양에 대한 정의를 내린 것과 같다고 할 수 있다. 하지만 오랜 세월 동안 연구해 오면서 기질에 대한 학문을 만들었다.

기질에 대한 대표적인 학문은 MBTI와 Enneagram이 있다.

쌍두마차처럼 영역을 넓혀왔다. 최근에는 의학의 아버지인 Hippocrates(B.C. 460-375년)가 주장한 4가지 기질이 영향력을 넓혀가고 있다. 이전에 기질론이 있었지만, 히포크라테스가 학문적으로 정리를 하였다. 히포크라테스는 사람의 몸에 있는 체액에 따라서 '다혈질, 담즙질, 점액질, 우울질'로 구분하였다. 4가지로 구분하면서 같은 질병의 환자라 할지라도 기질에 따라 약을 달리 처방해야 한다고 주장을 하였다.

히포크라테스의 기질론과 이제마의 사상체질은 맥을 같이 하는 부분들이 많다. 기질론은 성질을 중심으로 연구를 했다면 사상체질은 체질을 연구했다. 둘 다 기질과 체질에 따라 약을 달리 처방해야 한다고 주장하였으며 한의원에서는 체질에 따라 달리 처방하고 있다.

필자는 '씨앗 이론'이라고 정의하고자 한다.

이 땅에 존재하는 모든 식물과 꽃 그리고 과일도 자신만의 씨앗이 있고 꽃이 피고 열매와 향기가 있으며 씨앗 속에 무한한 가능성이 존재하고 있다. 수박씨 안에 무한한 가능성이 들어 있다. 그 가능성은 농부나 씨앗이 스스로 만든 것이 아니라 선천적으로 갖고 있다. 하지만 수박의 가치를 결정하는 것은 농부의 역할이다. 농부가 어떻게 재배하느냐에 따라 상품의 가치는 달라진다.

2) 후천적 성격(Character)

기질이 타고난 씨앗이라면 후천적 성격(Character)은 탄생 이후에 부모의 양육 태도와 형제와의 관계, 가정과 사회 환경 그리고 교육, 문화, 습관 등 다양한 영향력 속에서 형성된 성격이다.

프로이트를 비롯하여 많은 심리학자는 '성격의 80% 이상이 만 5~6세 이전에 형성된다.'라고 했다. 5~6세 이전에 80% 가까이 성격이 형성된다면, 아이가 선택한 것은 아무것도 없다. 전적으로 의존성을 갖고 있으며 자신이 할 수 있는 것은 아무것도 없다. 자신이 부모를 선택한 것도 아니고 외모나 성별 그리고 출생서열을 선택한 것이 아니다. 아이의 운명이라 할 수 있다.

후천적 성격을 형성하는데 결정적인 영향을 주는 것은 가정환경이다.

의사소통 가족 치료학의 학자 V. Satir는 그의 저서 「사람 만들기」에서 "가정은 사람을 만드는 공장이다."라고 했다. 가정이라는 공장을 통하여 정품이 만들어질 수도 있고 불량품이 나올 수도 있다고 했다.

아이는 탄생한 이후에 부모를 전적으로 의존할 수밖에 없다.

아이는 불안과 두려움을 극복하기 위해 자신만의 행동 양식을 만들게 된다.

아이는 부모로부터 사랑과 칭찬을 받기 위해 자신만의 행동을 발달시킨다.

아이는 가정 분위기에 따라 자신의 성격을 발달시킨다.

아이는 거절당하지 않으려고 자기만의 고유한 행동 양식이 형성된다.

아이는 상처를 입지 않기 위해서 자기만의 방어기제를 발달시킨다.

후천적 성격을 형성하는데 가장 기본이 되는 것이 부모의 양육태도와 부부관계이며 가정환경이라 할 수 있다. 부모의 양육태도가 어떠하냐에 따라서 아이의 후천적 성격이 형성된다.

3) 훈련된 성격 (Personality)

세 번째는 훈련된 성격으로 인격을 말한다.

사람은 누구나 약점이 있다. 타고난 기질 속에도 약점이 있고 환경에 의해서 형성된 성격에도 약점이 있다. 곡식을 심어놓으면 이상하게 잡초가 자라는 것을 볼 수 있다. 잡초는 곡식에 가야 할 영양분을 빼앗아 곡식이 열매를 맺지 못하게 한다. 인격이 훈련되지 않으면 타고난 기질과 후천적 성격의 약점이 발달이 되어 불행의 원인이 되며 자신의 미래를 어둡게 한다.

우리는 끊임없이 인격 훈련을 해야 한다.

자신의 약점을 장점으로 바꾸어야 한다. 기질과 성격의 약점을 극복하다 보면 인격은 훌륭하게 되고 많은 열매를 맺게 된다.

인격은 역할 성격이라 할 수 있으며 의식 수준과 밀접한 관계가 있다.

우리에게는 사회에서 역할에 따라 붙여진 사회적 이름이 많다. 그 사회적 이름의 역할을 잘 감당하기 위해 역할에 맞는 인격을 발달시키는 것이다.

2. 기질을 발견하는 방법

1) 도형을 통한 기질 검사

첫째, ○△□S 가운데 자신이 좋아하는 것을 두 가지를 선택하면 된다. 하나는 타고난 기질이며, 또 다른 하나는 후천적 성격으로 보면 된다.

둘째, 아래에 있는 용지에 도형을 그리면 된다.

정사각형을 중심으로 ○△□S 가운데 가장 좋아하는 도형 하나를 선택하여 3번 그린다. 그리고 나머지 도형은 1번씩 그린다. 도형의 위치, 크기, 모양은 자유롭게 그린다.

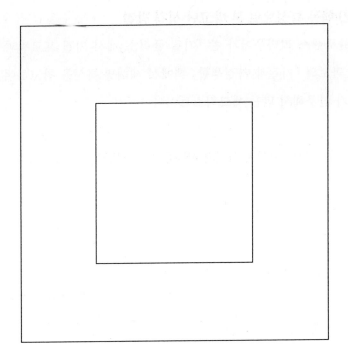

➤⟆ 해석

① 세 번 그린 도형을 타고난 기질로 본다.

　O : 사교적인 다혈질

　△ : 주도적인 담즙질

　□ : 안정적인 점액질

　S : 신중한 우울질

② 주의 사항

세 번 그린 도형이 반드시 자신의 타고난 기질이 아닌 사람들도 있다.

행동 유형과 문장 검사를 함께 검사하는 것이 좋다.

2) 행동 특성으로 본 타고난 성격 발견

플로렌스 리타우어가 쓴 『기질 플러스』에서 기질 프로필과 도나 파토의 『기질과 가정생활』 책에서 세대별 특성을 참고하여 필자가 연구해서 만든 체크리스트이다.

아래에 있는 문항에 자신의 자녀들에게 해당되는 것에 체크를 하세요.

A

__1. 잠이 없다. 아무리 늦게 자도 아침에 일찍 일어난다.

__2. 몸에 열이 많다. 잘 때 벽을 보고 자거나 이불을 덮지 않는다.

__3. 높은데 올라가는 것을 좋아하고 핵심적인 사람이 되려고 한다.

__4. 목소리가 크고 상체가 발달되어 있다.

__5. 모험심이 강하고 겁이 없다.

__6. 고집이 세고 자기주장이 강하다.

__7. 화가 나면 자기 성질을 이기지 못할 때가 있다.

__8. 지혜롭고 머리가 비상하다.

__9. 미안하다. 잘못했다는 말을 하지 않는다.

__10. 타인을 조종하는 기술이 뛰어난 것 같다.

__11. 밖에서 떼를 쓰는 경향이 강하고 집요하다.

__12. 승부욕이 강하고 대장이 되려고 해요.

B

__1. 우리 아이는 몸에 열이 많아요. 그런데 이불은 넢고 자요.

__2. 우리 아이는 모험심과 호기심은 강한데 겁도 많은 것 같아요.

__3. 우리 아이는 잠을 자면 깊이 자지 않고 작은 소리에도 잠을 깨요.

__4. 우리 아이는 누군가 곁에 있어 주길 원하며 미소만 지어줘도 행복해 해요.

__5. 우리 아이는 반응을 참 잘해요. 내가 웃으면 아이도 그냥 웃어요.

__6. 우리 아이는 타고난 재롱둥이인 것 같아요. 무대에 서는 것을 좋아해요.

__7. 우리 아이는 어디서든 사람들의 시선을 원하고 주목받기를 원해요.

__8. 우리 아이는 대답은 잘하는데 행동으로는 잘 하지 않는 것 같아요.

__9. 우리 아이는 작은 일에도 굉장히 재미있어해요.

__10. 우리 아이는 열정은 많아 시작은 잘하는데 마무리를 잘 못 하는 것 같아요.

__11. 우리 아이는 엄마나 아빠의 얼굴 표정을 많이 살펴요.

__12. 우리 아이는 관심을 끌고자 하고 안아주면 너무 좋아해요.

C

__1. 우리 아이는 잘 울어요. 그런데 울음소리는 서럽게 우는 것 같은 느낌이 들어요.

__2. 우리 아이는 약간의 비염이 있고 징징 짜는 소리를 잘 내어요.

__3. 우리 아이는 내향적이며 엄마 곁에 착 달라붙어 떨어지지 않으려고 해요.

__4. 우리 아이는 엄마가 약간의 눈길만 주어도 재깍 행실을 바로잡고 순종해요.

__5. 우리 아이는 혼자 관찰하기, 퍼즐 맞추기, 장난감을 크기 별로 색상과 종류별로 구분하는 일을 좋아해요.

__6. 우리 아이는 약간 표정이 심각하며 조용하며 짜여진 일정을 좋아해요.

__7. 무엇을 물으면 '몰라, 으음, 왜요. 라고 대답을 하는 아이

__8. 우리 아이는 미각과 후각이 뛰어나 냄새에 민감하고 편식이 있어요.

__9. 우리 아이는 동물, 식물, 물고기 등을 좋아해요.

__10. 우리 아이는 자기 물건에 손대는 것과 자기 공간에 허락 없이 들어오는 것을 싫어해요.

__11. 우리 아이는 낯가림이 심하고 낯선 사람에게 경계의 눈길을 보내며 잘 가지 않으려 해요.

__12. 우리 아이는 수학이나 과학 등을 좋아하고 로봇에도 관심이 많아요.

D

__1. 우리 아이는 조용하고 평온하며 말썽을 부리지 않는 성실한 아이예요.

__2. 우리 아이는 갈등을 싫어하며 압박하는 것을 싫어해요.

__3. 우리 아이는 잠 잘 자는 것 외에는 특별히 눈에 띄는 것이 없어요.

__4. 우리 아이는 모든 행동에서 언제나 쉬운 것을 선택하며 느려요.

__5. 우리 아이는 동작이 느리고 일어나 앉고 기고 걷는데도 많은 시간이 걸려요.

__6. 우리 아이는 부모의 말에 즉시 순종을 하고 말썽을 부리지 않아요.

__7. 우리 아이는 어릴 때부터 문제를 일으키지 않고 동생을 잘 돌보며 예의범절을 잘 지켜요.

__8. 우리 아이는 어릴 때부터 스스로 책 읽는 것을 좋아해요.

__9. 우리 아이는 어릴 때부터 말귀를 잘 못 알아들어요.

__10. 우리 아이는 '어떻게' 하라고 구체적으로 설명해 주어야 해요.

__11. 우리 아이는 욕심이 없는 것 같으며 양보를 잘해요.

__12. 우리 아이는 자신을 주장하기보다는 경청하고 타인을 먼저 배려해요.

❖해석 방법

A: 주도적인 담즙질

B: 사교적인 다혈질

C: 신중한 우울질

D: 안정적인 점액질

① 가장 많이 체크된 것이 타고난 성격(기질)이며 두 번째로 많은 것이 후천적 성격이다.

② 100%로 맞는 것은 아니다. 도형과 문장 그리고 행동 특성을 잘 비교해서 정확하게 파악하는 것이 중요하다.

3) 문장으로 통한 기질 발견

다음 아래의 기질 파악 도표는 플로렌스 리타우어가 쓴 『기질 플러스』에 수록된 내용으로 부모와 자녀의 기질을 파악하는 도구이다. 각 번호에 자신의 성격을 잘 표현해 주는 단어 하나를 선택하여 체크를 한다.

강점

	A	B	C	D
1	생동감 있는	모험적인	분석적인	융통성 있는
2	쾌활한	설득력 있는	끈기 있는	평온한
3	사교적인	의지가 강한	희생적인	순응하는
4	매력 있는	경쟁심이 강한	상대를 배려하는	감정을 다스리는
5	활기를 주는	신속히 대처하는	상대를 존중하는	표현을 자제하는
6	생기발랄한	독자적인	민감한	수용하는
7	함께 권장하는	긍정적인	계획하는	참을성 있는
8	충동적인	확신 있는	계획에 따라 하는	과묵한
9	낙천적인	솔직한	체계적인	포용력 있는
10	재담 있는	주관이 뚜렷한	꾸준하고 성실한	상대를 따르는
11	즐거운	겁 없는	섬세한	외교적인
12	명랑한	자신감 있는	문화 예술적인	정서적으로 안정된
13	즐거움을 주는	독립적인	이상을 추구하는	남을 불편케안하는
14	감정을 표현하는	결단력 있는	몰두하는	순간 위트 있는
15	쉽게 어울리는	행동가적인	음악을 좋아하는	중재하는
16	말하기 좋아하는	목표 지향적인	사려 깊은	관대한
17	열정적인	책임을 지는	신의 있는	잘 경청하는
18	무대 체질인	지도력 있는	조직적인	현실에 만족하는
19	인기 있는	뭔가를 성취하는	완벽을 추구하는	편안한
20	활기 있는	담대한	예의 바른	치우치지 않는
합계				

약점

	A	B	C	D
1	허세를 부리는	남을 압도하려는	숫기 없는	무표정한
2	규율이 없는	동정심이 없는	오래 용서 안 하는	열정이 없는
3	한 말 또 하는	대항하는	상처가 오래가는	상관하지 않는
4	건망증이 있는	노골적인	까다로운	두려워하는
5	중간에 끼어드는	마음이 조급한	자신감 없는	결단력 없는
6	예측할 수 없는	애정표현이 없는	재미없는	모임, 활동에 흥미 없는
7	되는대로 하는	완고한	불만스러운	망설이는
8	인기에 민감한	항상 내가 옳은	미리 걱정하는	감정이 밋밋한
9	쉽게 흥분하는	논쟁을 좋아하는	소외감을 느끼는	목표가 없는
10	깊이가 없는	자만하는	부정적인	안일한
11	칭찬을 바라는	일만 하는	혼자 있으려 하는	염려하는
12	말이 많은	무례한	과민한	소심한
13	무질서한	남을 지배하려는	기분이 저조한	확신 없는
14	일관성 없는	관대하지 못한	내성적인	무관심한
15	어지르는	남을 조종하는	쉽게 우울해지는	불분명하게 말하는
16	과시하는	고집 센	회의적인	느린
17	시끄러운	주장하는	사람을 가리는	게으른
18	산만한	성미가 급한	의심 많은	나태한
19	쉽게 싫증 내는	행동이 성급한	마음을 닫는	마지못해 하는
20	변덕스러운	약삭빠른	비판적인	타협하는
합계				

➜⤵ 기질 해석

장점과 약점에 체크된 단어를 종합하여 가장 많이 체크된 유형이 주 기질이며 두 번째 많은 유형은 2차 기질로 해석한다.

A 유형 = 사교적인 다혈질

B 유형 = 주도적인 담즙질

C 유형 = 신중한 우울질

D 유형 = 안정적인 점액질

3. 책을 읽기 전에 알아야 할 점

첫 번째, 기질과 사상체질과의 관계를 알면 기질 파악이 쉽다.

사상체질로 본다면 다혈질은 소양인, 담즙질은 태양인, 우울질은 소음인, 점액질은 태음인과 비슷한 맥락을 갖고 있다. 이 중에 하나가 타고난 성격인 기질이다.

두 번째, 후천적인 성격의 발달 과정을 이해하라.

4가지 기질 가운데 하나가 타고난 성격인 기질이고 나머지 3개는 환경과 교육, 문화, 관습, 부모 양육 태도에 따라 형성된 후천적 성격이다. 주 기질은 타고났고, 2차 기질은 5-6세 이전에 형성이 되고, 3차 기질은 초, 중, 고를 다니면서 형성되며, 4차 기질은 대학이나 사회생활을 하면서 형성된다고 볼 수 있다. 반드시 단계적으로 발달되는 것은 아니며, 환경에 따라 5세 이전에 2차, 3차 기질까지 발달될 수도 있다.

세 번째, 4가지 기질이 다 발달되어야 함을 잊지 말라.

2가지만 많이 발달되면 관계나 일을 함에 있어서 많은 갈등의 요인이 될 수 있음을 알고 4가지 기질을 발달시키는 것이 중요하다.

네 번째, 기질과 성격도 중요하지만 훈련된 성격 즉 인격과 성품 훈련이 중요하다.

다섯 번째, 타고난 성격인 기질보다 앞서지 말라.

대부분의 부모들은 자녀의 성격을 이해하는데 오류를 많이 겪고 있었다. 타고난 성격인 기질은 잘 모르고 후천적으로 형성된 성격을 많이 알고 있었다. 후천적 성격만 보고 자녀를 양육하다 보니 갈등의 골은 점점 더 깊어진 경우가 많았다.

여섯 번째, 타고난 성격인 기질과 형성된 성격의 조화를 이루어라.

이 책에서 타고난 성격유형별 자녀 양육법은 편의상 분류를 해놓았을 뿐이지 그것이 절대적인 것은 아니다. 주 기질에만 적용되는 것이 아니라 다른 기질에도 적절하게 사용하면 많은 도움이 될 수 있다. 타고난 성격도 중요하지만 몸에 배어 있는 형성된 후천적인 성격의 중요함을 잊지 말아야 한다.

일곱 번째, 기질 간에는 우열이 없음을 알고 비교원리보다는 창조 원리로 양육하라.

부모가 볼 때 사랑스러운 아이가 있고 조금 못마땅한 자녀가 있을 수 있다. 그렇게 보이는 이유는 내 안에 어떤 쓴 뿌리로 인해서도 그럴 수 있지만, 부모와 자녀의 기질적 차이 때문에 생길 수 있다.

여덟 번째, 기질이라는 상자 안에 자신과 타인을 가두지 말라.

아홉 번째, 자신의 약점을 기질로 합리화시키지 말라.

열 번째, 기질에 들어 있는 무한한 가능성을 자라게 하라.

2장

주도적인 담즙질 자녀 양육

1. 담즙질의 행동 특성

1) 잠이 없고 제일 늦게 자고 가장 일찍 일어나는 아이

담즙질은 태생적으로 잠이 없다. 이러한 특성은 신생아 때부터 나타나며 성인이 되어도 변함이 없다. 늦게 잠을 자고 아침에 일찍 일어난다.

잠이 없으며 늦게 자고 일찍 일어나는 이유는 다양하다.

첫째, 많은 잠을 자기보다는 짧게 깊은 숙면을 취하면 된다는 신념을 갖고 있다.

둘째, 기질 가운데 외향성이 강하다. 활동을 하면 할수록 에너지가 생기기 때문이다.

셋째, 해야 할 일이 너무 많기에 잠자는 시간이 아까워서이다.

넷째, 선천적으로 지도자의 기질을 갖고 있기 때문이다.

성인이 되면 이렇게 말한다.

"나는 잠을 많이 자 본 적이 없다. 아무리 늦게 자도 새벽 5시만 되면 자동적으로 눈이 떠진다. 잠을 많이 자는 사람은 성공할 수가 없다." 전형적인 아침형의 사람이라 할 수 있다.

주도적인 담즙질 자녀에게 "일찍 자라. 빨리 자라. 내일에 학교에 늦겠다."라고 강하게 말하기보다는 "엄마 먼저 잔다. 알아서 정리하고 자라. 내일 아침에 보자."라고 한 후에 먼저 잠을 자면 된다.

2) 몸에 열이 많아서 이불을 덮지 않고 자는 아이

담즙질은 태어날 때부터 몸에 많은 열기를 갖고 태어난다. 사상체질에서 가장 활동성이 강한 태양인으로 분류한다. 몸에 열이 많은 이유는 폐 기능이 강하여 폐에서 열이 많이 나기 때문이다. 이러한 특성은 신생아 때부터 나타난다. 기저귀를 채워주면 벗어던지는 행동을 한다.

몸에 열이 많기 때문에 잠자리에 들 때에 부모가 분명히 이불을 덮어주었는데 아침에 일어나 보면 이불을 덮지 않고 자고 있는 모습을 종종 발견할 수 있다. 좁은 공간에 있으면 답답함을 느끼며 넓은 공간으로 나아가려고 한다. 담즙질 아이를 잘 양육하려면 확 트인 넓은 공간에서 마음껏, 자유롭게 활동할 수 있어야 건강하게 성장할 수 있다.

3) 높은 곳에 올라가는 것을 좋아하는 아이

담즙질은 높이 올라가는 것을 좋아한다. 상승하고자 하는 욕구, 목표지향적인 욕구, 도전의 욕구, 대장이 되고 싶은 욕구는 무의식적이며 자동직이다. 이러한 특성은 신생아 때부터 나타나기 시작한다. 신생아를 안으면 다른 기질은 가만히 있는데, 담즙질 유형은 가슴을 타고 위로 올라간다. 아이를 등에 업으면 등을 타고 올라간다. 잠시라도 가만히 앉아 있지를 못하고 소파 위로 올라가고 식탁 위로, 의자 위로, 책장 위로, 높은 곳이 있다면 올라가고자 하는 성향을 갖고 태어났다. 담즙질의 자녀에게 목표를 세워주고 도전할 수 있게 동기를 부여하면 건강한 아이로 자라게 된다.

어릴 때부터 45도가 되는 높이로 암벽 등반처럼 올라갈 수 있는 장난감을 만들어 아이에게 끊임없이 도전하게 하는 놀이를 하라. 아이는 목표를 달성할 때까지 포기하지 않을 것이다. 45도의 높이를 성공하면 더 각도를 높여라. 이들은 목표 지향적이다. 그 목표는 높아야 한다. 높은 목표를 세워주고 도전할 수 있게 동기를 부여하고 어릴 때부터 높이 올라가는 도전을 하며 성취할 수 있는 경험을 많이 하게 하라. 모험심이 강하고 목표를 달성하기까지 도전하는 건강한 아이로 자라게 된다.

부모가 볼 때 위험해 보일 수 있다. 안전장치를 만들어 놓고 마음껏 위로 올라가는 놀이를 하라. 높이 올라오는 놀이를 통하여 성취했을 때 적절한 보상을 해주는 것이 좋다.

4) 목소리와 울음소리가 크며 한번 울면 잘 그치지 않는 아이

담즙질은 어릴 때부터 목소리가 우렁차다. 옛날에 아이가 태어났을 때 울음소리를 듣고 '저 집에 장군감이 태어났다'고 말하곤 했다. 담즙질은 지도자적 성향으로 인하여 신생아 때부터 목소리가 크고 울음소리가 우렁차다. 그리고 한번 울면 울음을 잘 그치지 않는다.

5) 모험심이 강하고 겁이 없는 아이

담즙질은 모험심이 강하다. 신생아 때부터 새로운 것을 보면 겁도 없이 혼자의 힘으로 해보려고 한다. 필자가 아는 어떤 담즙질 아이는 어릴 때부터 마트나 놀이터에 혼자 잘 다닌다. 또 유치원 때부터 2km나 떨어진 친척 집에 혼자 걸어서 놀러 간다. 어머니는 걱정이 되어서 함께 가겠다고 해도 이 아이는 혼자서 갈 수 있다고 하면서 혼자 간다. 또 어떤 아이는 혼자서 버스를 환승까지 해서 놀러 가고 혼자서 집에 오기도 한다. 담즙질 아이들은 모험심이 강하고 겁도 없다.

부모는 적절한 거리를 유지하면서 지켜보는 기지 역할을 하라. 아이들이 마음껏 주변을 탐색하고 몸으로 경험할 수 있도록 기회를 주라. 열심히 놀다가 한 번쯤 엄마가 있는지를 확인할 것이다. 엄마가 눈에 보이면 더 큰 열정과 모험심으로 주변을 탐색해 나갈 것이다. 당신의 자녀가 담즙질의 아이라면 분명히 힘은 들 것이다. 하지만 모험심이 강한 놀이를 해 보라. 아이는 신바람이 나서 더 큰 모험에 도전하려 할 것이다. 하지만 어리기 때문에 안전장치와 더불어 예의범절을 교육하는 것은 반드시 필요하다.

6) 자기주장이 강하고 고집이 센 아이

담즙질은 타고날 때부터 지도자적 성향을 가지고 있기에 자기가 원하는 것이 있으면 가능한 모든 방법을 다 동원해서 쟁취하는 기질이다. 이들은 원하는 것이 있으면 그것을 얻기 위해 떼를 쓴다. 어쩌면 '떼쓰는데 달인'이라고 말할 수 있다.

7) 화가 나면 물건을 집어 던지거나 머리를 벽에 박는 아이

담즙질 아이는 자신이 뜻대로 되지 않으면 물건을 집어 던지는 경향이 있다. 물건을 집어 던질 때는 생각 없이 던지는 것이 아니라 내가 물건을 던지면 어머니나 또 다른 누가 몸을 굽혀서 물건을 주워줄 것이라 예상하고 집어던진다. 그리고 어머니나 누군가가 허리를 굽혀 물건을 줍는 것을 즐기는 유형이라 할 수 있다. 자기 고집대로 되지 않으면 자기 성질을 이기지 못하여 자신의 머리를 벽이나 바닥에 박는 아이도 있다.

8) 조숙하고 말귀를 잘 알아듣는 아이

담즙질 아이는 어릴 때부터 부모의 말을 잘 알아듣는다. 하나를 가르쳐주면 2~3개를 알아서 잘한다. 특히 중요한 손님이 왔을 때나 부모가 이렇게 해 주었으면 하고 바랄 때 신기하게도 부모의 마음을 읽고 알아서 척척 해내는 정말 사랑스럽고 기특한 아이다.

9) 무대 중심에 서고자 하는 아이

담즙질은 무대 중심에 서고자 하는 욕구가 강하다. 이들은 어떤 모임이나 조직에서 가장 힘이 있어 보이는 사람에게 잘 보이려고 잘 다가가는 경향이 있다. 담즙질의 특성이 강한 아이는 자신이 모든 사람의 중심에 서 있어야 하는 욕구가 강함을 꼭 기억해야 한다. 그 욕구를 읽어주고 잘 활용하여 양육하는 것이 무엇보다 중요하다.

2. 담즙질 속에 있는 무한한 가능성의 씨앗

1) 타고난 리더십의 씨앗

리더십에 대한 순수한 우리말은 '지도자상'이다.

『영적 지도력』의 저자인 오스왈드 샌더스는 "리더십은 영향력이다. 한 사람이 다른 사람들에게 영향을 미치는 능력이다. 더 넓은 의미로서 사람들을 움직일 수 있게 동기를 부여하는 능력이며, 목표 지향적이며, 긍정적인 영향력을 미치는 것이다."라고 정의하였다.

백과사전에서 "리더십이란 목표 지향성, 사람들 간의 영향력, 상호 교류, 힘, 자발성, 영향력 행사과정 등과 관련된다."라고 정의하고 있다.

리더십은 타고나는 것일까? 아니면 후천적으로 훈련되는 것일까?

필자는 기질을 연구하면서 기질마다 창조주가 주신 리더십 즉 타고난 리더십이 있고, 성장하면서 형성된 후천적인 리더십이 있다는 것을 알게 되었다. 그리고 이 땅에 존재하는 사람 중에 리더십이 없는 사람은 없다. 기질마다 성격이 다르고, 행동 유형이 다르기에 리더십도 다를 뿐이다. 자신의 타고난 리더십과 후천적인 리더십을 발견하고 개발하고 향상시켜 영향력 있는 사람이 되어야 한다.

타고난 리더십을 다음과 같이 나눌 수 있다.
첫 번째는 다혈질은 친화적이며 민주적인 리더십
두 번째는 점액질은 섬김과 마무리의 리더십
세 번째는 우울질은 조직적이며 관리의 리더십
네 번째는 담즙질은 주도적이며 목표 지향적 리더십을 갖고 있다.

담즙질은 태생적으로 주도적인 리더십을 갖고 있다.
자신이 선택한 것이 아니라 창조주가 사람과 상황을 주도할 수 있는 무한한 가능성의 씨앗을 주신 것이다. 이들은 무엇을 하든지 자신이 선두에서서 주도적으로 리더를 해야 존재감을 느낀다. 사람을 주도할 수 있는 모든 능력과 에너지를 태생적으로 갖고 있다. 하나님이 창조할 때 준 씨앗이다.

담즙질은 주도적인 리더십이라는 씨앗을 잘 자라게 하여 꽃을 피우고 풍성한 열매를 맺어 많은 사람에게 경제적인 도움과 정서적인 도움을 주어야 한다.

2) 지혜로움의 씨앗

담즙질은 지혜롭고 핵심을 보는 직관력이 뛰어나다. 사건의 핵심을 보는 능력과 사물의 본질을 이해하는 지혜로움이 있다. 현재 상황을 직관적으로 판단하여 현실에 맞게 대안을 내어놓는 능력이 있다.

다른 사람들은 사건의 내용을 파악하지 못하고 있을 때 벌써 해결책을 찾고 있다. 사물의 근원과 사건의 핵심을 보는 능력, 상황판단 능력, 사람을 보는 안목도 뛰어나다. 상대방의 한두 마디만 들으면 무엇을 말하려고 하는지 핵심을 파악한다. 심지어 말하는 의도까지 파악한다. 이들은 어릴 때부터 지혜롭다. 하나를 가르쳐주면 몇 가지를 알아서 한다. 대부분의 부모들은 담즙질의 지혜로움에 감동을 한다. 타고난 지혜로움에 많은 지식을 습득하게 한다면 이들의 미래는 매우 밝을 것이다.

3) 기회포착의 씨앗

이들이 추구하는 것은 경제, 권력, 명예, 일, 미래, 도전, 목표, 성공이다. 이러한 것을 실천하기 위해 기회를 포착하는 능력은 타고났다. 어릴 때부터 힘없는 사람과 놀기보다는 자신보다 힘 있는 사람, 자신보다 나이 많은 사람과 노는 것을 좋아하고, 어른들 옆에서 행동하기를 좋아한다. 성인이 되었을 때는 높은 위치에 있는 사람들과 함께 활동하기를 좋아하며, 그들과 함께 있으며 기회를 찾아 투자를 하고 기회를 포착하는 능력이 뛰어난 사람이다. 기회를 잡게 되면 목표를 달성할 때까지 포기를 하지 않으며 집요함을 갖고 도전한다.

4) 목표 지향적 씨앗

이들은 태생적으로 상승의 욕구가 강하기 때문에 위로 올라가려고 하는 성향이 강하다. 이러한 특성은 신생아 때부터 나타난다. 신생아를 안으면 어머니 가슴을 타고 올라가는 아이가 있다. 좀 성장하면 식탁 위로 올라가고, 소파 위로 올라가고, 책상 위로 올라간다.

목표지향적인 기질을 가진 사람들이다.

목표가 생기면 '언젠가는 내가 이 목표를 이룬다. 반드시 성취한다.'라는 강한 의지를 갖고 목표를 달성할 때까지 도전한다. 반대에 부딪히거나 실패를 맛보면 더 강한 동기부여가 되어 반드시 이루겠다고 마음을 다잡는다.

"안 된다."라는 말을 들으면 이렇게 말한다.

"당신은 이 일을 해 봤느냐 해 보지 않고 안 된다고 하느냐. 일단 해 봐!"

이들이 외치는 구호는 다음과 같다.

- 하자 하자 하면 된다.
- 있다있다 할 수 있다.

- 가자가자 가면 된다.
- 안되면 되게 하라.
- 나에게 불가능은 없다. 불가능하다는 생각이 있을 뿐이다.
- 시련은 있어도 실패는 없다.
- 세계는 넓고 할 일은 많다.

이들은 될 때까지 도전한다.

이들이 성공하는 이유는 계획이나 주변 여건이 좋아서가 아니라 시작했으면 될 때까지 끝까지 하기 때문에 성공한다.

담즙질에게는 목표가 대단히 중요하다.

만약 이들이 목표를 상실하면 자신의 미래를 포기할 수도 있다. 이들은 목표 지향적이기 때문에 도전이라는 단어를 좋아한다. 목표와 도전에 의해 동기부여를 받는다.

5) 미래를 보는 안목의 씨앗

담즙질은 과거, 현재, 미래 가운데 '미래'를 중요하게 생각하는 사람들이다.

이들의 생각은 언제나 미래에 가 있다. 현재를 살면서도 10년 이후 20년 이후를 보고 생각하는 사람들이다. 이들은 현재를 중요하게 생각하면서 미래를 보는 안목을 갖고 있다.

미래를 생각하지 않은 사람을 생각 없는 사람으로 여기고 무시하는 경향도 있다. 미래를 보는 안목이 있기에 돈이 되는 것이 눈에 보인다. 이러한 능력으로 빚을 내서라도 사업을 하기도 한다. 타고난 사업가라 할 수 있다. 사업을 하더라도 아주 크게 하려고 한다. 사업이 잘될 때에 적절한 가격에 팔고, 다른 사업을 또 시작하는 사람이다.

6) 긍정적이고 자신감의 씨앗

성공한 사람들에게 성공의 비결이 무엇이냐고 물으면 대부분 긍정적 마인드와 적극적 사고라고 한다. 인간은 연약하고 환경과 상호작용을 하기에 매사에 긍정적이고 적극적인 사고를 하는 것이 쉽지 않다. 그런데 담즙질의 뇌 구조에는 미래를 긍정적인 측면으로 생각한다. 이들은 '된다.'고 생각하지 '안 된다.'라는 생각은 하지 않는다.

이들이 무슨 일을 계획하고 시작하면 대부분 성공을 한다.
그 이유는 초긍정적 마인드와 적극적 사고로 인하여 될 때까지 도전을 하고 일을 추진하기 때문이다. 이들이 싫어하는 것은 부정적인 사고와 말을 하는 사람들이다.

담즙질은 자신감 하나 갖고 살아가는 사람들이다.
태생적인 자신감과 긍정적인 마인드 그리고 지혜로움의 씨앗 속에 지식과 학문을 습득하게 되면 세계적인 지도자로 성장할 수 있다.

7) 집중력의 씨앗

담즙질은 집중력이 뛰어나기 때문에 무엇을 해도 평균 이상으로 잘한다. 테니스를 치든, 볼링을 치든, 골프를 하든, 그림을 그리든지, 음악을 하든지, 사업을 하든지, 목회를 하든지, 무엇을 하든지 뛰어난 집중력으로 자신의 분야에서 성공할 가능성이 많은 사람들이다. 또한, 강한 승부욕이 더해져서 시작을 하면 끝장을 보는 사람이다.

8) 강한 의지와 독립심이라는 씨앗

담즙질은 아무리 힘들어도 혼자서도 꿋꿋하게 일어서는 독립심을 갖고 있다. 이들은 어려서부터 자신의 주장을 펼치려는 의지를 보인다. '내가 할게', '혼자 갈게', '혼자 할 수 있어.'라는 말을 자주 한다.

자립심과 독립심이 강한 유형이라 자수성가한 사람이 많다.

갑자기 부모의 사업이 부도나서 모든 사람이 힘들어해도 담즙질의 자녀는 그 가운데서도 뚝심 있게 일어나서 가정을 일으키는 유형이다.

3. 담즙질 속에 있는 잡초

1) 분노의 잡초

담즙질은 지도자들이 가져야 할 모든 덕목을 갖추고 있다. 하지만 순간적 분노로 인하여 지도력이 손상을 입게 된다. 분노는 담즙질에게 최대의 약점이다. 남즙질은 사상 의학에서 보면 몸에 열이 가장 많은 태양인에 속한다. 폐에서 나오는 열과 타고난 성격의 장점인 뛰어난 직관력과 주도성이 연합이 되어 자신의 뜻이 반대에 부딪히거나 계획대로 빨리 되지 않을 때 자신도 모르게 화가 치밀어 오르는 사람들이다. 기질 전문가들은 "머리 위에 화산을 이고 다니는 사람이다. 언제 폭발하느냐가 중요하다. 발화점이 언제이냐가 중요하다."라고 했다.

2) 감정이 무디고 냉정한 잡초

담즙질은 관계중심의 사람이 아니라 일 중심의 사람이다. 모든 것을 일 중심으로, 능력과 결과 중심으로 생각하고 행동하다 보니 감정적으로 너무 무딘 사람이다. 이들은 사람들에게 베푸는 동정심을 쓸데없는 짓이라고 멸시하기도 하며, 냉정하게 행동을 하는 경향이 강하다. 이들이 냉정할 때는 찬바람이 분다. 하지만 이들에게는 적군과 아군이 있다. 아군에게는 한없이 다정하고 잘 해준다. 하지만 적군에게는 냉정하게 대한다.

3) 잔인함의 잡초

담즙질의 잡초는 잔인함을 갖고 있다. 이들이 학대를 받고 성장했다면 사이코패스로 갈 가능성이 있다. 이들의 잔인함을 잘 보여주는 세계가 주먹세계이다. 그러나 잔인함이 냉철한 판단력과 직관력 그리고 핵심을 보는 능력과 연합하여 장점으로 승화시키면 의학 계통에서 수술을 주로 하는 정형외과 의사로 역량을 발휘할 수 있다.

4) 나는 잘못한 것이 없다는 잡초

담즙질이 갖고 있는 최고의 약점은 '나는 잘못한 것이 없다.'이다. 나는 맞고 너는 틀렸다는 식으로 행동하기도 한다. 이러한 약점으로 자신이 명백하게 잘못을 했어도 미안하다는 말을 하지 않는다. 누군가가 자신의 잘못을 지적하면 오히려 더 강하게 상대방을 공격하거나 자기합리화를 한다.

자신에게는 너그럽다. 자신이 잘못한 부분에 대해서는 '살다보면 그럴 수도 있지'라며 쉽게 넘어간다. 하지만 남이 잘못하면 '어떻게 그럴 수가 있느냐'라며 심하게 질책을 하기도 한다.

이들은 핑계나 변명을 하는 사람, 자신에 충고를 해주거나 지적을 하는 사람을 아주 싫어한다. 그 이유는 '그럼 너는 맞고 나는 틀렸다는 말이냐'라는 뜻으로 받아들인다.

담즙질은 시대를 이끌어가는 능력, 미래를 보는 안목을 비롯하여 너무나 많은 장점을 갖고 있다. 하지만 '나는 잘못한 것이 없다.'라는 교만한 생각과 거만한 행동으로 인생을 망칠 수 있다. 그런데 정작 본인은 자신의 교만과 거만함을 알지 못하는 어리석음이 있다.

5) 지나치게 강한 승부욕의 잡초

이들은 부러졌으면 부러졌지 휘어지는 성격은 이니다.

어떤 환경적 요인에 의해 부러졌을 경우에 패배감과 자신감 상실로 자신의 인생을 포기할 가능성이 많은 사람들이다. 하지만 내면에 있는 승부욕은 없어지지 않기에 부정적인 방법으로 다양하게 표현되기도 한다.

강한 자존심과 승부욕으로 무엇을 해도 집중력을 갖고 잘한다.

담즙질은 운동을 하든, 등산이나 게임 등에서도 절대 지지 않으려는 승부욕과 집중력으로 인해 꼭 승리해야만 직성이 풀린다.

6) 교활하고 사람을 조종하는 잡초

왜 이들을 교활하다고 하는 것일까?

이들에게는 지혜의 은사와 직관력 그리고 핵심을 보는 능력을 선천적으로 갖고 있다. 하지만 인정을 받지 못하거나, 자신이 원하는 목표를 타인으로 인하여 달성하지 못하면 다른 사람을 조종하며 잔머리를 사용한다.

잔꾀에 있어서는 누구도 따라 올 사람이 없다. 이들이 자신이 하고 있는 일이나 주장에 대하여 인정과 지지를 받으면 지혜로움으로 많이 발달되지만 학대를 받거나 거절당하거나 패배감을 경험하게 되면 지혜로움은 교활함으로 변질이 되며, 주도적인 리더십은 독재적 리더십이 되며, 뛰어난 직관력은 사람을 조종하는 도구로 전략이 된다.

4. 담즙질 자녀 양육 방법

담즙질은 큰 사람, 위대한 지도자로 양육해야 한다.

담즙질이 갖고 있는 모든 장점은 사람과 조직 그리고 상황을 리드해 나가는데 필수적인 것들이다. 홀륭한 리더가 될 수 있도록 양육을 해야 한다.

도형에서는 정삼각형이다.

정삼각형은 목표를 이루어 너와 나 그리고 우리가 함께 잘 살아야 하는 것이다. 이들은 사업가 기질이다. 창조주는 이들에게 돈이 되는 것을 보여주셨다. 사업가가 되어서 많은 사람들에게 경제적인 유익을 주는 사람이 되어야 한다. 만약에 이들이 자신의 유익만을 위한다면 세상은 어두워질 것이다.

이들이 건강한 지도자가 된다면 수많은 사람들을 행복하게 할 것이다. 하지만 이들이 녹재자가 된다면 많은 영혼들을 힘들게 한다. 이러한 사실은 인류 역사에서도 많이 볼 수 있다.

기질 학자들은 담즙질을 표현할 때 동물의 왕인 사자로 표현한다. 보스의 기질을 태생적으로 갖고 있다. 마음껏 활동하며 도전하게 하며 세계를 품는 비전의 사람으로 성장하게 하라. 사회적 약자를 돌볼 수 있는 리더자로 양육하라.

1) 편이 되어주라

이들이 원하는 것은 단순하다.

'당신이 나를 사랑한다면 내 편이 되어 달라.'는 것이다.

이들은 삶을 흑백논리로 바라본다. 사람을 아군 아니면 적군으로 본다. 이러한 사고는 어릴 때부터 무덤에 이를 때까지 지속된다. 담즙질 자녀가 원하는 진짜 사랑은 "언제나 네 편이야."라는 말이다.

훈계를 한 후에 이렇게 하라.

"아들아, 엄마가 심하게 훈계를 하니까 기분이 나쁘지, 속도 상하고 마음에 화가 나기도 하지, 하지만 엄마는 언제나 네 편이란다. 엄마는 널 믿는다."라고 말하라.

그리고 아이를 꼭 안아주어라. 아이는 엄마가 안아주면서 '네 편이다.' 라는 말 한마디에 마음에 쌓여 있는 분노는 눈 녹듯이 녹아져 내릴 것이다. 거절감이나 분노를 마음에 품는 대신 다음에는 잘해야겠다고 마음먹을 것이다. 이들은 선천적으로 적군과 아군을 구분하는 성향이 강하다. 엄마가 네 편이라고 말하면 아군으로 생각하기에 훈계를 잘 받아들인다.

인간관계에서도 마찬가지다.

윗사람과 갈등의 관계 속에서 심하게 다툰 후에도 마지막에 이렇게 말해보라. "그래도 나는 당신 편입니다." 담즙질의 사람은 영원히 당신 편이 되어 줄 것이다.

2) 리더십을 발휘할 수 있는 기회를 주라

담즙질은 타고난 지도자 유형이다.

어릴 때부터 주도적인 리더십을 건강하게 성장시켜주는 것이 중요하다. 어릴 때부터 사람들 중심에 서게 만들고 사람들을 몰고 다닐 수 있도록 기회를 주라.

가능하면 반장을 시켜주라.

담즙질 아이들이 상담소를 찾아오면 이렇게 물어본다. "혹시 반장을 해 본 적이 있나요." 대부분의 아이들은 반장이나 부반장을 해 보았다고 한다. 어떤 아이들은 "엄마가 하지 말라고 해서 못했어요."라고 서운해하며 말을 하기도 한다.

[부모에게 받은 상처로 등교를 거부하는 학생]

중학교 1학년 남자아이가 부모에게 상처를 입어서 학교에 등교를 거부하고 있었다.

필자는 "가장 상처를 입었을 때가 언제였느냐"라고 물었다.

아이는 이렇게 대답했다. "초등학교 5학년 반장 선거에 나가지 못한 것이요."

필자는 "왜 못 나갔느냐"라고 물었다.

아이는 "엄마가 나가지 말라고 했기 때문이에요."라고 대답했다.

이 학생은 엄마의 그 말로 인한 상처로 등교를 거부하고 있다. 물론 다른 이유도 있겠지만 담즙질 아이에게는 지도력을 발휘할 수 있는 길을 열어주어야 한다.

[리더십을 키우기 위해 이렇게 해보자!]
첫째, 가족회의를 진행하게 해 보라.

이들은 나이가 어리다고 무시하면 안 된다. 사람을 주도하고 상황을 리더해 나가는 능력은 타고났다. 가족회의를 진행하게 해 보라. 예를 들어 "오늘 가족회의 주제는 내일 외식에 대한 것이다. 네가 한번 진행을 해 봐!"라고 하라.

가족회의를 진행하는 모습을 보고 마음에 들지 않는 부분이 있다면 수정을 해주라. 그리고 "엄마는 네 편이다."라고 하라. 그리고 리드를 잘했다. 네 안에는 타고난 리더십이라는 씨앗이 자라고 있다. 많은 사람에게 이롭게 하는 리더자가 되라고 칭찬을 해주라.

둘째, 유치원 때부터 리더자로 훈련을 받게 하라.

어린이집이나 유치원이라면 아이에게 공간을 주면서 이 공간에서는 네가 대장이라고 정하는 것도 좋다. 그리고 책임감도 분명하게 주고 한계성도 정해 주라. 초등학생이라면 반장 선거에 출마하여 자신의 리더십을 발휘할 수 있게 기회를 주는 것도 좋다.

셋째, 가능하다면 용돈을 많이 주라.

담즙질은 뛰어난 리더십을 선천적으로 가지고 있지만 인기를 잘 얻지 못한다. 그래서 반장 선거를 하면 떨어질 가능성이 많다. 그렇기 때문에 가능하다면 용돈을 많이 주어서 아이의 자존감을 세워주는 것도 좋다. 그 용돈으로 친구들에게 맛있는 것도 사주며 관계를 형성할 수 있게 해주면 좋다.

넷째, 집의 어느 공간에 리더자로 세워주라.

예를 들자면 '거실에서는 엄마가 대장이지만 이 방에서는 네가 대장이다. 이 방에 들어오면 누구든지 너의 말을 들어야 한다.'라고 하거나 '현관대장'으로 명하여 현관을 관리할 수 있도록 하라. 현관에서는 누구든지 담즙질 아이의 말을 듣게 하는 것도 좋을 듯하다.

자신의 지도자적 성향이 지나치게 막히게 되면 아이는 울거나, 몸에 열이 많이 나거나, 자주 아프게 되어 부모를 내 방식대로 통제할 가능성도 있다. 초등학생이라면 선생님과 갈등을 일으키기도 하고 친구와 심하게 싸움을 하는 경우로 나타나기도 한다.

대부분의 아이들이 원하는 사랑은 칭찬이나 인정, 따뜻한 말이나 배려이겠지만 담즙질이 원하는 사랑은 자신의 업적에 대한 인정과 자신을 믿어주고 지도력을 발휘할 수 있는 기회를 주는 것이다.

이들은 타고난 지도자이다.

훌륭하고 위대한 지도자는 사람들 위에 군림하는 것이 아니라 사람을 섬기고 봉사하기 위해서라는 것을 어릴 때부터 가르쳐야 한다. 어릴 때부터 약한 사람을 돌보고 섬김의 삶을 체험을 많이 해야 한다.

[아이가 폭력을 행하고 돌을 집어 던지며 아이들을 괴롭히는데 어떻게 해요]

초등학교 3학년 담임선생님이 필자를 찾아와서 한 말이다.

선생님의 말씀은 이러했다.

"아이가 너무 폭력적이고, 친구들을 괴롭히고, 야단을 치면 자기 몸을 상하게 해요. 제가 조금 야단을 치거나 훈계를 하면 자기 성질을 못 이겨서 머리로 바닥을 받아요. 겁도 나고 어떻게 해야 할지를 모르겠습니다. 현재 아이의 상황은 부모가 이혼을 하고 할머니가 양육하고 있는 상태입니다. 할머니 말도 안 들어요. 가슴에 있는 것은 분노뿐인 것 같아요. 좀 도와주세요."라고 했다

필자는 학생의 특성을 들은 후에 담즙질 성향이 강하다는 것을 알게 되었다. 그래서 선생님께 이렇게 말했다.

"선생님, 이 아이는 지도자의 성향을 가졌는데 아무도 자신을 알아주지 않고 자신의 편이 없으니 자신의 방법으로 자신의 존재를 드러내고 있는 것 같습니다. 이 아이를 선생님의 비서로 세워주세요. 그래서 학생들 앞에 선생님과 특별한 관계가 있는 것처럼 한번 해 보세요."

선생님은 이렇게 말을 했다.
"구체적으로 한 가지 예를 들면요."

이렇게 말했다.
"출석을 이 아이에게 한번 불러보도록 해 보세요. 선생님의 중요한 일을 한번 시켜보세요. 그리고 그 일을 했을 때는 조금 부족해도 엄지손가락을 세워 칭찬해 주세요. 아이가 알만한 것을 질문해서 대답을 했을 때, 여러 학생들 앞에서 엄지손가락을 치켜세우며 칭찬해 주세요."

며칠 후 선생님으로부터 전화가 왔다.
"참 신기하네요. 이렇게 변할 수가 있습니까? 아이는 더 이상 폭력을 행사하지 않고 친구들과 잘 지내는 성실한 학생으로 변화되기 시작했으며 저를 그렇게 잘 따르네요."라고 했다.

3) 하고자 하는 일을 가치 있게 여겨주고 믿어주라

담즙질은 미래를 보는 안목과 핵심을 보는 능력 그리고 긍정적인 마인드를 갖고 살아가는 사람들이다. 자신감 하나를 갖고 당당하게 도전하며 살아가는 기질이다. 자신이 하는 일은 반드시 성공한다고 생각한다. 이들의 마음에는 불가능이 있다면 되게 하라는 피가 흐르고 있을 정도로 자신감으로 가득 차 있다.

이들은 부모에게 이렇게 외치고 있다.
"아버지와 어머니! 나를 사랑한다면 내가 하는 말을 믿어주세요. 내가 하는 일을 가치 있게 여겨주세요."

[자신을 믿어달라고 하는데 아이를 믿을 수가 없어요]
이 말은 고등학교 3학년 자녀를 데리고 온 어머니의 말이다.

"어떻게 오셨습니까?"라고 저자가 물었을 때 어머니는 한숨을 푹 쉬면서 이렇게 말한다.
"나는 아이를 도저히 믿을 수가 없고 무엇을 해도 불안하며 모든 행동에 믿음이 가지 않아요."고 했다.

어머니의 말을 듣고 있던 아이는 짜증을 내면서 이렇게 말한다.
"믿어달라니까? 왜 나를 못 믿느냐고, 지금은 조금 문제가 있어도 믿어주면 내가 잘 할 수 있다니까요. 믿고 기다려주면 안 되나요."

상담을 하면서 알아보니 아이는 고등학교 특별반에서 공부를 상당히 잘하고 있었고 반장을 몇 번을 한 아이였다. 현재 고등학교 3학년으로 서울에 있는 S대 진학을 위해 특별반에서 열심히 공부를 하고 있었다. 그런데 갑자기 학교에 가기 싫어하고 힘들어 하는 상황이었으며 성적도 하락하고 있는 상황이었다.

어머니는 이렇게 말했다.

"애가 고등학교 2학년 때까지는 부모 속을 썩이지 않았어요. 공부도 잘했고 반에서 1~2등을 했기 때문에 서울 S대 진학을 위한 특별반에 들어가게 되었어요. 그런데 요즘 와서 학교에 안 간다고 하니 얼마나 속상하겠습니까? 입시도 얼마 남지 않았는데, 성적도 조금씩 처지고 있고요. 학교에 가라고 하니 제발 내가 하는 대로 좀 내버려 두라고 말하고, 나를 믿어달라고 하니 제가 어떻게 하면 좋겠습니까?"라고 했다.

기질 검사를 해 보니 아들은 주도적인 성향인 담즙질이었고 어머니는 신중한 우울질의 성향이 강한 유형으로 나왔다.

담즙질의 아이가 원하는 것은 부모의 신뢰였다.

아이는 부모가 자신을 좀 믿고 지켜봐 주기를 바라고 있었다. 스스로 알아서 할 수 있게 맡겨달라는 것이었다. 그런데 부모가 자신을 믿지 못하고 잔소리를 너무 많이 하니까 어머니에 대한 불만이 많았다. 그 불만을 표출하는 방법이 공부를 안 하는 것이었다. 그래서 부모는 아이가 갑자기 공부를 안 하고 성적이 떨어지니 불안해서 상담소를 방문하게 된 것이었다.

우울질의 부모는 신중하고 완벽주의를 추구하는 사람이다.

이들은 미래에 대한 불안이 많다. '자녀를 잘못 키웠다'는 소리를 듣기 싫어한다. 부모는 아이가 완벽하고 올바르고 깔끔하고 신중한 사람으로 성장했으면 하는 마음이 강하다. 하지만 담즙질은 자기 방식대로 살려고 하고 나를 믿어달라고 하고 내 편이 되어 달라고 한다. 그러니까 갈등은 지속될 수밖에 없는 것이다.

어머니에게 이렇게 말했다.

"어머니 아들이 학교에 안 가려고 하는 이유의 핵심은 자존심이 상해서입니다. 2학년 때까지 반장을 하고 반에서 1~2등을 했는데 S대 진학반에 애들만 있으니 아무리 공부해도 성적은 오르지 않지요, 스트레스는 지속적으로 받으니 힘들어서 그런 것 같습니다. 어머니 힘들고 불안하고 믿음이 가지는 않더라고 먼저 믿어주세요, 그리고 기다려주세요. 자녀가 원하는 것은 나를 사랑하는 누군가가 나를 믿어주고 내 편이 되어 주는 것입니다."라고 했다.

많은 부모들에게 권하고 싶다.

항상 자녀를 믿어주는 것이 먼저이다.

믿을 만한 행동을 했을 때 믿어주는 것이 아니라 믿지 못하고 불안하다 할지라도 믿어주는 것이 먼저이다. 믿어주면 믿을 만한 사람으로 성장해 나간다. 자녀들이 부모를 실망시킬 때가 너무나 많다. 그럼에도 불구하고 자녀들은 부모의 믿음을 통하여 올바르게 성장해 가는 것이다. 특별히 자녀가 청소년이라면 믿어주는 사람이 있을 때 믿을 만한 사람으로 성장한다.

'믿을 만한 행동을 해야 믿어주지.'라고 생각하는 부모가 있다면 빨리 생각을 고쳤으면 한다. 틀림없이 청소년 자녀는 수없이 부모를 실망시킬 것이다. 심지어 부모를 절망의 깊은 수렁으로 밀어 넣을 만큼 실망시킬 것이다. 그럼에도 불구하고 언제나 믿어주는 것이 먼저라는 것을 기억하라. 중요한 것은 사춘기 처음 시작할 때 신뢰 관계가 형성되는 것이 무엇보다 중요하다.

4) 무대 중심에 세워주라
담즙질은 탄생 때부터 무대 중심에 서고자 하는 욕구가 강한 아이이다.

그 욕구를 읽어주고 잘 활용하여 양육하는 것이 무엇보다 중요하다. 이들은 사람들을 끄는 카리스마를 갖고 있다. 공동체 속에서 아무 말도 하지 않고 있다가 딱 한마디를 통하여 리더자로 세워지는 사람들이다. 핵심을 보는 능력이 있기 때문이다. 이들이 무대 중심에 서고 싶은 욕구, 사람들을 리드하고 싶은 욕구를 건강하게 훈련하는 삶이 필요하다.

[예배 중에 강대상에 있는 목사님께로 돌진하는 15개월 된 아이]

예배를 시작하기 전에 15개월이 된 아이는 부모와 함께 앉아 있었다. 그러나 예배가 시작이 되니까 아이의 손이 갑자기 강단에 있는 목사를 향해 올라갔다. 손을 뻗어 자기를 안아달라고 하였다. 부모는 아이의 갑작스러운 행동에 당황해서 아이를 안고 밖으로 나가려고 했다. 아이는 더 크게 소리를 지르면서 강한 행동으로 강단에 있는 목사를 향해 손을 내밀었다.

이때 필자는 부모님께 이렇게 말을 했다.

"어머니 그 아이를 데리고 오세요. 아이는 주도성이 강한 아이입니다. 그리고 힘 있는 사람과 함께 있고 싶어 하기 때문입니다. 지금 아이에는 설교하는 목사가 제일 힘이 있어 보이고 대장처럼 보이기 때문입니다."

저자는 아이를 안고 설교를 했다.

그런데 아이는 순한 양처럼 목사 품에 안겨 아주 행복한 미소를 짓고 있었다. 그리고 얼마 후에 아이에게 이렇게 속삭였다. "목사님을 한번 도와주세요. 지금 설교를 해야 하는데 엄마에게 가서 조용하게 있어 주면 좋겠어요."라고 했을 때 아이는 고개를 끄덕이며 엄마 품으로 돌아갔다.

[설교가 시작되니 강대상 앞에서 축구공을 차는 아이]

필자가 목회하는 교회에서 이런 일이 있었다. 예배가 시작하기 전까지는 담즙질 아이가 잘 놀고 있었다. 그런데 예배가 시작되니 갑자기 아이가 강대상 앞바닥에 축구공을 튕기기 시작하였다. 부모는 당황해서 황급히 나와 아이를 데려가려고 했다.

부모에게 이렇게 말했다.
"가만히 두세요. 이 아이는 보스 기질이 강하고 무대 중심에 서야 하는 아이입니다."

그러면서 아이에게 이렇게 말했다.
"작은 목사님! 지금 모든 시선이 목사님께로 가니 섭섭하지요? 내가 대장이 되어야 하고 모든 사람이 내게 주목을 해야 하는데, 사람들의 시선이 목사님께로 가니까 서운하지요?"

아이는 목사를 보더니 말없이 고개를 끄덕였다. 그리고 나는 아이를 안고 귓속말로 이렇게 말했다.
"작은 목사님, 나를 좀 도와주세요. 설교하는데 방해하면 내가 힘들잖아요. 도와줄 수 있어요. 그리고 난 작은 목사님 편입니다."
아이는 알았다는 듯이 고개를 끄덕였다.

나는 성도들에게 이렇게 말했다.
"여러분, 이 아이는 앞으로 큰 인물이 될 것입니다. 우리 이 아이에게 큰 박수를 보내줍시다." 그다음부터 아이는 목사님과 함께 8년을 예배하면서 모범적인 예배를 드리는 아이로 성장하고 있다.

[등교를 거부하는 고등학생]

국제 고등학교에 다니는 1학년 학생이 어머니와 함께 필자를 찾아왔다.

상담자 : 어떻게 오셨어요.

어머니 : 애가 학교에 안 가려고 해요. 중학교 때까지는 아무 문제없었어요. 고등학교에 와서 갑자기 안 간다고 하네요. 어떻게 해야 할지를 모르겠어요.

상담자 : (학생에게)학교 가는데 있어서 어떤 부분이 힘들어요.

학생 : (손을 만지면서)중학교 때는 학교 가는 것이 참 재미가 있었어요. 친구들도 많았고요. 그중에 5총사가 있었어요. 5총사 가운데 다 떠나고 제 혼자 남아 있어요. 그리고 고등학생이 되니까 새로운 학생들이 많이 들어오잖아요. 중학교 때 친한 친구들은 다 빠져나가고요. 그래서 가기 싫어요.

상담자 : 그것이 너에게 어떤 문제를 일으키니?

학생 : 저도 잘 적응할 줄 알았는데…

좀 더 상담을 진행하면서 기질을 검사하였다.
주도적인 담즙질이 나왔다.

상담자 : 많이 힘들겠네, 학교에 가기 싫을 정도로 힘들었네요.

어머니 : 아이가 힘들어하는 것이 무엇인가요?

상담자 : (학생에게)학교에 가는 것이 재미없지요. 그 이유는 세력권에서 밀렸기 때문일 것 같은데 네 생각에는 어떤 것 같니?

학생 : (빙그레 웃으면서 머리를 숙였다.)

상담자 : 어머니! 애가 학교에 가기 싫어하는 이유는 세력권에서 밀렸기 때문에 자존심이 상해서 안 가려고 하는 것입니다. 학생은 주도적인 기질로서 중학교 때까지는 5총사들과 함께 학교를 주도하면서 리더자로서 생활을 했어요. 그런데 5총사가 떠나고 새로운 학생들이 입학하면서 세력권에서 밀려서 자존심이 상해서 학교에 안 가려고 하는 것 같아요. (학생을 바라보면서)이 말에 너는 어떻게 생각하니?

학생 : (밝은 미소를 지으면서…)들켜버렸네요…

필자는 기질에 대한 장점과 단점을 설명해 주면서 하나님이 너에게 이런 기질을 주신 것은 더 큰 목표를 갖고 큰 사람이 되기 위함이라는 것을 말해 주었다. 그리고 먼 미래에 지도자가 되기 위해 공부를 하라고 했다. 그리고 큰 꿈을 그려보라고 했다.

5) 마음껏 활동 할 수 있게 하라

이들은 외향성이기 때문에 활동성이 아주 강하다.

동물로 비유하면 사자와 같은 사람들이다. 이들은 갇혀 있는 것을 싫어하고 좁은 공간에 있으면 답답해한다. 담즙질 아이는 방안에 오래 있으면 짜증을 내고 울고 화를 잘 낸다. 그리고 추운 날

씨이지만 자꾸 밖으로 나가자고 한다.

그 이유는 지도자적 성향과 함께 담즙질의 신체적 특성인 폐기능이 강하기 때문이다. 폐에서 열이 강하게 나오기 때문에 작은 공간에 있으면 화가 날 가능성이 많다. 이들은 밖에 나가서 활동하는 것을 참 좋아한다. 이들은 행동형이며, 육체적인 활동이 매우 필요하기 때문에 달리고, 뛰고, 움직일 수 있는 기회를 많이 제공해 주는 것이 좋다.

이러한 요구는 내향성이 강한 부모에게는 큰 부담이 될 수 있다.

왜냐하면 내향성의 부모는 밖에서 활동을 하면 에너지가 고갈되기 때문이다. 고갈된 에너지를 갖고 아이들과 함께 밖에서 많은 활동을 했다면 집에 들어와서는 예민해지거나 쉽게 화를 낼 수 있기 때문이다.

만약 당신에게 담즙질 자녀가 있다면 이렇게 하라.
• 마음껏 활동할 수 있게 풀어놓아 다니게 하라.
• 주도적으로 사람들을 몰고 다녀보게 보라.
• 용감한 자녀로 양육하라.
• 백 마디 말보다 몸으로 한 번 경험하게 하라.

가능하면 행동에 제약을 걸지 말라.

이들은 몸으로 경험하면서 지혜를 터득한다. 이때 채득한 지혜는 많은 깨달음과 성장으로 이어진다. 행동의 자유와 선택권을 주되, 가이드라인을 반드시 정하라. 그리고 책임도 함께 주라.

6) 목표 지향적으로 더 큰 비전에 도전하게 하라

담즙질은 목표에 의해 동기를 받으며, 목표는 생명과 같은 것이다.

이들을 4원소 중에 '불'에 해당한다. 불의 특성 중에 가장 큰 것은 위로 올라간다는 것이다. 예를 들어 산에 불이 났을 때 불은 아래에서 위로 타 올라가는 것이지 불꽃이 아래로 내려가는 것은 아니다.

담즙질의 아이는 성공을 하더라도 가장 아래에서 불꽃이 타올라야 약자의 마음을 알고, 실패의 소중함을 알고, 섬김의 중요성을 경험하게 된다. 어릴 때부터 섬김의 삶을 많이 훈련하는 것이 담즙질 자녀에게 너무나 소중한 재산이 되고 미래가 된다.

담즙질의 진로 적성을 탐색할 때 이렇게 말한다.
- 니는 무엇을 해도 잘할 것이다.
- 넌 반드시 성공할 것이다.
- 넌 미래를 보는 눈이 있다.
- 넌 타고난 지도자 성향을 갖고 있다.
- 사업가의 기질을 갖고 있다.

• 넌 목표 지향적인 사람이다.

그리고 이렇게 말해준다.

"담즙질인 당신은 어떤 직업을 갖느냐가 중요한 것이 아니라 어떤 위치에 있느냐가 중요하다. 너는 상황을 파악하는 능력과 일을 주도하는 능력이 있기 때문에 어떤 위치가 중요하다. 적성에 맞지 않더라도 적당한 역할과 위치가 주어지면 참 잘할 수 있다. 네가 사람들에게 통제를 받고 지시를 받으면 스트레스를 많이 받게 될 것이다. 그러나 높은 위치에서 사람들을 통제하고 관리할 수 있다면 너의 능력이 배가될 것이다. 그래서 넌 지금 공부를 많이 해야 한다. 넌 조금만 하면 최상위권으로 올라갈 수 있는 지혜와 직관력 그리고 핵심을 보는 능력이 있다. 주머니 속에 있는 송곳은 반드시 나와야 한다. 주머니가 너무 두껍거나 송곳이 무디면 나올 수가 없다. 담즙질은 반드시 주머니를 뚫고 나와야 한다. 자신의 목표를 향해 장애물을 극복해야 한다. 그러기 위해서 공부를 하라."

이들은 남들이 생각하지 못하는 큰 목표와 비전을 품고 있다.

어릴 때부터 미래의 큰 꿈을 그릴 수 있도록 키워야 한다. 가정이라는 공동체보다는 더 넓은 세상이라는 공동체로 나가 더 많은 것을 경험하게 하는 것이 좋다. 원대한 꿈을 심어주고 위인들의 삶을 보고 배울 수 있게 위인전을 많이 읽게 하라. 그리고 인간관계의 폭을 넓게 하여 많은 사람의 생명을 풍요롭게 하는 사람이 되도록 양육해야 한다.

7) 존중의 칭찬을 하라

담즙질 아이들은 이렇게 말한다.

"엄마가 나를 사랑한다면 나를 존중해 달라."

이들이 원하는 사랑은 존중이다. 존중의 칭찬으로 아이를 춤추게 하는 부모가 되었으면 한다. 쉽지는 않겠지만 담즙질의 자녀에게 엄지손가락을 치켜세워주고, 네가 최고야 하는 표현을 통하여 존중을 표시했을 때에 아이의 가슴은 사랑으로 가득 차게 된다.

칭찬은 귀로 먹는 보약이다.

칭찬으로 사람을 만든다. 칭찬은 고래도 춤을 추게 한다고 했다. 성경에서도 칭찬으로 사람을 만든다는 말이 있다. 이처럼 자녀를 칭찬으로 춤추게 하라.

담즙질 자녀에게는 칭찬하되 몇 가지 잊지 말아야 할 원칙이 있다.

만약 잘못된 칭찬을 계속한다면 이 아이를 더 교만하고 자만심이 있는 아이로 키울 수 있기 때문이다.

첫 번째, 성취한 일을 칭찬하라.

무엇인가를 잘했을 때 칭찬을 해주는 것이다. 무조건적인 칭찬을 하면 이 아이는 교만하고 거들먹거릴 수 있다. 이들은 칭찬을 받고 싶을 때는 일을 멋있게 하고 싶은 욕구가 강하다. 아이가 자신의 과제를 멋지게 완성했을 때에 칭찬해 주는 것이 중요하다. 이때 보상도 크게 해주라. 목표가 크면 클수록 더 잘한다.

두 번째, 존중의 칭찬을 원한다.

존중의 칭찬은 많은 사람들 앞에서 엄지손가락을 치켜 세워 주면서 크게 칭찬을 하라

- 아들아, 넌 내가 아는 사람들 가운데 최고야.
- 아들아, 너는 참으로 유능한 사람이야
- 아들아, 너 참 멋있다. 아빠는 영원히 네 편이야.
- 아들은, 넌 무엇을 해도 항상 기대 이상이네, 그래서 엄마는 네가 자랑스러워.
- 아들아, 이런 상황에서도 굉장한 일을 했네, 역시 넌 대단해.

[우리 반 아이들이 나를 존중해 주지 않아요]

이 말은 저자가 상담한 초등학교 3학년 학생이 한 말이다.

이 아이는 학교 부적응과 공격적 성향 때문에 부모와 함께 상담실을 찾았다.

상담자가 "학교생활에서 가장 적응하기 힘든 부분이 무엇이지?"하고 묻자 아이는 이렇게 대답했다. "친구들이 나를 존중해 주지 않아요."

이 대답을 듣는 순간에 '아이가 하는 한마디 말속에서도 참 기

질적인 부분은 숨길 수가 없구나.'라는 생각을 했다.

필자는 상담 후에 담임선생님과 부모를 만나서 아이의 기질을 설명한 후에 이렇게 말했다. "학생이 원하는 것은 반 학생들에게 존중받는 것입니다. 그런데 존중을 잘 받지를 못합니다. 왜냐하면 자신은 항상 옳고 다른 사람은 틀렸다고 생각하는 경향이 강하고 교묘하게 사람을 조종하고 사람들의 감정이나 기분을 무시한 채 자신이 원하는 대로 이끌어 가기 때문입니다. 아이를 잘 지도하려면 다른 아이들 앞에서 알만한 것을 질문하여 대답하게 한 다음에 박수와 엄지손가락을 치켜세우면서 칭찬을 해주세요."

놀라운 것은 그 이후에 아이는 선한 사람으로 변화되기 시작하였고 선생님의 말을 누구보다 잘 듣는 아이로 변화되었다.

세 번째, 칭찬할 만한 위치에 있는 사람에게 칭찬을 듣기를 원한다.

이들은 아랫사람이 칭찬해 주는 것보다는 윗사람이 칭찬해 주는 것을 참 좋아한다. 이들은 놀이를 하거나 사람들이 있을 때에도 꼭 나이 많은 사람하고 놀려고 하거나 윗사람 곁에 있는 것을 좋아한다.

네 번째, 고맙다는 말을 해 주라.

담즙질은 자신이 한 일에 대해서 누군가가 고맙다고 말하는 것을 듣고 싶어 하고, 감사해한다는 것을 알고자 한다. 이들은 많은 일들을 한다. 부모가 원하는 것을 알아서 행하는 경우도 많다. 필요로 하는 것을 가져오고, 무엇이든 고장 나면 고친다. 이들이 바라는 것은 '감사합니다.'라는 것이다. 고로 자녀들에게 고맙다는 말을 많이 하는 것이 사랑이다.

8) 선택권과 결정권을 주라

선택과 결정은 정체성 형성에 결정적인 요소이다. 또한 지도자가 가져야 할 덕목이라 할 수 있다. 이들은 태생적으로 선택과 결정을 하는 능력을 갖고 있다. 어릴 때부터 스스로 선택과 결정 그리고 책임을 지는 삶을 훈련하라.

담즙질은 아무리 어려도 강압적인 지시나 명령, 통제를 받는 것을 싫어한다. 이들을 양육할 때에 명령이나 지시를 많이 하기보다는 자신이 스스로 선택할 수 있도록 선택권을 주되 책임감을 같이 주는 것이 좋다.

이들의 타고난 기질적 특성 가운데 하나는 무엇이든지 자신이 주도하고 싶은 욕구가 강하다. 이러한 욕구를 잘 활용하여 양육하는 지혜가 필요하다.

예를 들어보자.
"아들아, TV 끄고 빨리 자라. 내일 학교 가야 되잖아."라고 말하면

아이는 이렇게 말할 것이다. "엄마, 이것만 보고요",

지시나 명령을 받으면 되는지 안 되는지 찔러보는 경향이 있다. 이때 강압적으로 지시를 하면 엄마를 화나게 한다. 그리고 엄마의 화난 모습을 즐기기도 한다.

선택권과 결정권을 주라.

"이제 잠자리에 들 시간이야. 아빠가 TV를 끌까? 아니면 네가 끌래?"

"9시에 TV를 끌래, 9시 30분에 끌래?"

"9시에 잘래, 아니면 9시 30분에 잘래?"

"1시간 공부를 하고 TV를 2시간 볼래, TV를 1시간 먼저 보고 공부를 2시간 할래?"

선택권을 주었을 때에 반응은 크게 두 가지로 나타난다.

첫 번째는 협상이 들어온다.

"TV를 조금만 더 보면 안 될까요?", "10시에 자면 안 될까요?" 라고 말한다. 이때 가능하면 지키게 하되, 한 번쯤 협상에 응해 주는 것도 괜찮다.

이들은 협상의 달인이다.

되든 안 되든 한번 찔러 보거나 간을 보는 경향이 아주 강하다. 아이가 성장 과정에 맞게 협상을 잘하도록 하는 것도 아이의 미래를 위한 좋은 선물이다.

협상의 주도권은 부모가 잡아야 한다.

예를 들어, "TV를 조금만 더 보고요."라고 했을 때 협상에 허락을 해 주었음에도 불구하고 약속을 지키지 않는다면 아무 소리하지 말고 TV를 꺼버리면 된다. 이때 짜증을 내거나 어떤 협상안을 내어도 응해주면 안 된다. 또한 화를 내거나 길게 설명을 해도 효과는 별로 없다. 그냥 실행으로 옮기는 것이 가장 효과적이다.

두 번째는 흔쾌히 부모의 말에 순응한다.
"알았어요. 제가 *끄죠. 뭐.*"

마치 자기가 선택하며 선심을 쓰는 양, 당당하게 행동한다. 이때 부모가 잊지 말아야 할 것은 자녀의 행동을 칭찬해 주는 것이다. 자녀의 선택과 결정에 대한 칭찬을 해 주면서 다음 행동을 스스로 선택하게 하는 삶을 훈련시키는 것이다.

명심해야 할 한 가지는 담즙질 자녀의 자존심을 세워주면서 부모의 위엄을 유지하며 통제를 해야 한다는 것이다. 이때 부모가 만만하게 보이면 아이는 토를 달고 이기려고 하고 부모를 조종하려 할 것이다. 만약 부모가 강압적으로 밀고 나가면 아이는 도리어 화를 낸다. 이 때문에 악순환이 지속적으로 반복되는 것이다.

꼭 기억하라!

선택권과 결정권을 자녀에게 주지만, 결과에 대한 책임을 꼭 지도록 교육을 해야 한다. 만약에 선택에 대한 책임을 묻지 않으면 아이는 점점 더 많은 것을 요구해오며, 문제가 생길 때마다 환경이나 남을 탓할 수 있음을 알아야 한다.

9) 굵고 짧게 그리고 언제까지, 방법은 알아서 하라

무엇을 시키거나 지시할 때는 이렇게 해 보라.

'언제까지' 정확한 기한을 두되, 방법은 '알아서' 하라고 하라

담즙질이 제일 중요하게 생각하는 단어는 '언제까지'다.

무엇을 시킬 때는 구체적으로 설명해 주기보다는 간단명료하게 설명해 주고 '언제까지 해라.' 그리고 '방법은 알아서 해라.'라고 하는 것이 좋다. 왜냐하면, 이들은 말귀를 잘 알아듣기 때문이다. 단, 선택권을 주되 가이드라인을 정하여 주는 것이 중요하다. 그렇지 않으면 더 큰 일을 저지를 수도 있음을 알아야 한다.

굵고 짧게 하라

'어떻게' 하라고 구체석으로 지시하는 거나 장황하게 설명하는 것은 이들에게는 마이너스로 작용할 가능성이 많다. 대부분의 엄마들은 모성애가 뛰어나기 때문에 구체적으로 설명할 때가 많다. 행동으로 옮겨야 할 때는 아주 굵고 짧게 그리고 부드러우면서 강하게 지시한다.

"이제 그만 잘 시간이다."

"지금부터 네 방을 청소해라."

"TV는 그만 보라. 이제 공부해라."

이처럼 아이의 행동을 바로잡을 때는 고칠 점만 강조하고 행동에 초점을 맞춘다.

다정다감하고 논리적으로 짧고 굵게! 이유를 설명한다. 말을 들으면 칭찬해 주고 말을 잘 듣지 않으면 합당한 벌을 주면 된다. 잔소리나 구질구질하게 말하지 말라.

10) 친절하면서 단호하게 대처하라

사람들마다 행동에는 동기가 있다.

예를 들어, 옷을 잘 입지 않는다고 가정을 해보자.

엄마가 옷을 입혀줄 때에 옷을 입는 아이라면 관심을 끌기 위한 행동이라 할 수 있다.

다른 옷으로 바꾸어 주었을 때에 입는 아이라면 자기가 입고 싶은 옷을 입고 싶어서 일 것이다. 그런데 옷을 입혀줘도, 다른 옷으로 바꾸어도 지속적으로 울고 고집을 피우는 아이가 있다면 분명히 속이 뒤틀렸거나 자신의 힘을 과시하기 위한 행동일 것이다.

담즙질은 서글퍼서 우는 것도 관심을 끌기 위한 울음도 아니다. 오직 힘을 과시하기 위함이다. 지금 내가 기분이 상하였다. 내가 대장이 되고 내 중심으로 흘러가야 하는데 그렇게 되지 않으니까 화가 난다. 울음으로 자신의 힘을 과시하고자 한다. 한번 울면 울음을 잘 그치지 않는다. 그 이유는 자신의 뜻을 관철시키기 위함이다. 즉 나에게 굴복하라. 내 뜻을 따라 달라는 강한 욕구가 그 울음소리 이면에 깔려 있다. 이때 부모가 아이의 울음을 멈추기 위해 원하는 것을 해주면 아이의 요구는 더 커지고 집요하게 된다.

이들은 고집도 아주 세다.

담즙질 아이는 자신이 뜻대로 되지 않으면 물건을 집어 던지는 경향이 있다.

물건을 집어 던질 때는 생각 없이 던지는 것이 아니라 내가 물건을 던지면 어머니나 또 다른 누군가가 몸을 굽혀서 물건을 주워줄 것이라 예상하고 집어던진다. 그리고 어머니나 누군가가 허리를 굽혀 물건을 줍는 것을 즐기는 유형이다. 자기 고집대로 되지 않으면 자기 성질을 이기지 못하여 자신의 머리를 벽이나 바닥에 박는 아이도 있다. 수단과 방법을 가리지 않고 부모를 자신의 뜻에 굴복시키려 한다.

그럼 어떻게 해야 하는가?

화를 내면 말려든다.

친절하면서 굵고 짧게 설명을 한 이후에 행동으로 옮기면 된다. 구체적으로 많이 설명하면 할수록 손해다. 그냥 설명하고 행동으로 옮겨라. 아이는 눈치가 빨라서 다음 행동을 알아서 잘 대처해 나간다.

예를 들어 보자.

우리 교회에 담즙질 아이가 있다. 예배를 마치고 집에 갈 시간이 되어서 엄마가 아이에게 이렇게 말한다. "아들아! 이제 집으로 가자."

아이는 엄마의 말을 듣지 않는다. 왜냐하면 교회라는 넓은 공간과 많은 사람들과 함께 있으니 재미도 있고, 무대의 중심에 서 있는 것 같고, 마음껏 활동을 할 수 있어서 매우 기분이 좋다. 엄마는 집에 가자고 하지만 아이는 움직이지 않는다. 엄마는 몇 번이나 집에 가자고 강조한다.

이때 필자는 아이 엄마에게 이렇게 말했다.
"어머니, 아들에게 집에 가자고 한 번만 말하세요. 그리고 문을 열고 밖으로 나가세요. 뒤를 돌아보지도 말고 가세요. 아이는 생각 없이 노는 것 같지만 엄마를 생각하면서 놀아요. 아이는 엄마가 자신을 두고 안 갈 것이라는 생각을 하고 있어요. 아이 생각하지 말고 그냥 나가세요. 엄마가 눈에 보이지 않는 순간 아이는 행동으로 옮길 것입니다."

엄마는 실행을 했다.
아이 입장에서는 엄마가 설마 자신을 두고 행동으로 옮길 것이라고는 상상을 못 했다. 그런데 엄마가 행동으로 옮겼다. 아이는 놀다가 갑자기 엄마의 모습이 보이지 않는다는 것을 깨닫게 되었다. 그때 아이는 아주 빠른 속도로 양손에 신발을 들고 엄마의 뒤를 따라갔다.

다시 강조하고자 한다.

절대 화를 내지 말라. 화를 내면 아이에게 말려든다. 엄마의 화난 모습을 은근히 즐긴다.

화를 내면 자신의 의도대로 엄마를 조종해 나갈 수 있다고 생각한다. 화를 내기보다는 그냥 미소를 지으면서 부드럽게 그리고 친절하면서 단호한 목소리로 한두 번만 말하고 그대로 행동으로 옮겨야 한다.

11) 누가 대장인지 확실하게 보여주라

담즙질을 주도형이라 한다.

그 이유는 무엇을 하든지 자신이 주도권을 갖고 해야 직성이 풀리는 유형이라 할 수 있다. 그래서 담즙질에게 중요한 단어는 '주도권'이다. 이들에게 줄 수 있는 가장 아름다운 선물은 주도권이 누구에게 있는지, 이 가정에서 누가 대장인지 확실하게 보여주는 것이다.

담즙질의 타고난 심리는 약자에게는 한없이 강하고 강한 자에게는 약한 심리를 태생적으로 갖고 있다. 이러한 마음을 활용하여 양육하는 것이 좋다. 부모가 이들에게 만만하게 보이면 절대로 안 된다. 자녀가 똑똑하다고, 말귀를 잘 알아든는다고, 마음에 드는 행동을 한다고 해서, 고집이 세다고 해서 휘둘리기 시작하면 더욱더 부모를 힘들게 할 수 있다.

[주도권을 쥐는 방법]

첫 번째, 자녀가 하는 말을 일단 끝까지 경청을 하라.

두 번째, 들은 후에 '엄마도 한번 생각해보겠다.', '검토해 보겠다.'고 말하라.

한 번 생각해 보겠다고 하면 아이는 엄마가 어떻게 생각하고 결정을 할까에 대하여 궁금해할 것이다.

아침에 일어나자 곧바로 엄마에게 와서 "생각해 봤어요?"라고 묻는다면 아이에게 중요한 것이다. 아이는 밤새도록 '엄마는 어떻게 생각할까'를 고민한 것이다.

그땐 이렇게 해라.

"오늘 저녁까지만 생각을 좀 더 해 볼게."라고 하라.

아이가 학교 갔다 와서 하는 말이 "엄마 생각해 봤어?"라고 묻는다면

이렇게 말을 하라.

"엄마가 어제부터 곰곰이 생각해 봤는데 정말 너에게 필요한

것 같아서 엄마와 아빠가 상의를 했는데 내일 사 주기로 했단다."

그러면 아이는 "엄마 고마워요. 우리 엄마 최고야! 엄마는 정말 내 마음을 알아준다."라고 말하면서 고마움을 아는 아이로 성장해 갈 것이다.

만약에 생각해 보겠다고 했는데 아이가 질문이 없다면 그것은 충동구매이다.
그땐 이렇게 하라.
"아들아 어제 엄마가 무엇을 생각해 보기로 했는데 너는 어떻게 생각해?"라고 했을 때,
아이는 "필요 없어요. 괜찮아요."라고 말을 한다면
"너의 현명한 선택을 축복한단다. 고맙다. 넌 역시 멋있어."라고 엄지손가락을 세우며 칭찬을 해 주라.

부모의 입장에서 볼 때, 아이에게 꼭 필요한 것이라는 생각이 들면 한 번쯤 생각해 보겠다고 이렇게 말하라. "엄마가 1시간만 생각해보고 말해 줄게"
한 시간 후에 이렇게 말하라.
"엄마가 생각해 봤는데, 이것은 너에게 꼭 필요한 것 같구나. 지금 구입하러 가자."
아이는 엄마의 선택과 결정을 존중할 것이며, 고마움을 아는 아이로 성장해 간다.

어느 기질이든 자녀들이 고마움을 아는 자녀로 양육하는 것은 중요하다.

부모는 자녀들에게 모든 것을 다 해 주었는데 아이들이 "엄마 나에게 해 준 것이 뭐 있어요."라고 말한다면 얼마나 속상할까?

왜 고마움을 모르는 아이로 성장할까?

그 이유는 김빠진 콜라를 주기 때문이다. 콜라는 시원하고 참 좋다. 그런데 김빠진 콜라를 마셔본 일이 있는가? 정말 맛이 없다.

부모들은 자녀에게 김빠진 콜라를 주는지 자신도 모른다.

많은 부모가 김빠진 콜라를 아이에게 주고 있다. 김빠진 콜라란 아이들이 무엇을 요구할 때 잔소리를 하고 언어적 위협과 거절, 짜증과 신경질 내고 마음을 상하게 한 후에 아이들의 고집에 의해 원하는 것을 해주는 것이다. 부모는 해 주었다고 생각하겠지만 자녀 입장에서는 부모가 해 준 것이 아니라 내가 투쟁을 해서 쟁취한 것이라고 생각한다. 그래서 아이는 점점 감사함과 고마움을 모르며 떼를 쓰는 아이로 성장해 갈 것이다.

12) 출발 전에 목록을 들어라

담즙질의 아이들은 떼쓰기의 달인이다.

자신이 필요한 것이 있다면 목표를 달성할 때까지 떼를 쓰는 경향이 강하다. 기질 특성상 한번 떼를 쓰면 아주 집요하다. 떼를 쓰서 자신의 원하는 것을 얻는 순간에 이 아이는 이렇게 생각한다.

"엄마는 처음에 안 된다고 해도 내가 집요하게 요구를 하면 원하는 것을 얻을 수 있구나."라고 생각하면서 점점 더 말을 안 듣고 떼를 쓰는 아이가 될 가능성이 많아진다. 어릴 때에 이러한 행동을 바로잡지 않으면 너무 힘들어진다.

떼를 쓰는 아이가 아니라 주도적인 아이로, 고집을 피우는 아이가 아니라 설득력이 있는 아이로 양육하기 위해서는 출발하기 전에 목록을 만드는 것이다.
예를 들어 백화점에 쇼핑을 하러간다고 해보자.
이렇게 약속하고 출발하라.
"이번에 백화점에 가는 이유는 이것을 위해서 가는 것인데 가서 만약에 무엇을 사달라고 떼를 쓰면 엄마는 집으로 올 것이다."

담즙질 아이는 아주 쉽게 그렇게 하겠다고 약속을 한다.
그런데 막상 백화점에 가면 자신이 원하는 것이 눈에 많이 띄기 시작한다. 갑자기 아이는 특정한 물건을 사달라고 요구를 한다. 이때 엄마가 '안 된다.'라고 하면 아이는 떼를 쓰기 시작한다. 그래도 안 되면 민망한 상황을 연출하기 시작한다. 바닥에 누워서 일어나지 않거나 징징 짜면서 엄마를 귀찮게 한다. 엄마 입장에서 화가 난다. 주변 사람들이 자신을 보는 것 같아 민망스럽고 창피하다. '혹시 아는 사람이라도 만나면 어떻게 하지'라는 생각까지 떠오른다.

이때 엄마가 체면과 체통 그리고 민망함 때문에 아이가 원하는 것을 해주면 안 된다. 왜 안 되느냐 하면 민망한 상황을 연출하면 엄마가 해 줄 것이라는 것을 아이는 이미 배우게 되기 때문이다.

떼쓰기에 해 주면서 '집에 가서 한번 보자'고 위협을 해도 안 된다. 집에 도착하는 순간부터 아이는 엄마가 좋아하는 행동을 한다. 이러한 행동에 엄마가 넘어가서는 안 된다. 반드시 훈계를 해야 한다.

그럼 어떻게 해야 하는가?
친절하면서 단호하게 이렇게 말하라.
"아들아, 너는 아직 쇼핑할 준비가 되지 않았구나. 준비가 안 되었으니 집으로 가는 것이 좋겠다."고 말하고 단호하게 집으로 발걸음을 옮겨라.

엄마의 단호한 행동에 아이는 울면서 다시는 떼를 쓰지 않겠다고 다짐을 하여도 단호하게 집으로 돌아와야 한다. 절대 아이의 협상이나 고집 또는 꾐에 넘어가지 말라. 부모가 주도권을 잡아라.

옆집에 놀러 갈 때도 출발하기 전에 약속하라.
"이번에 옆집에 놀러 가는데 만약 옆집 아이와 싸우거나 떼를 쓰면 집에 올 거야."라고 말하라. 아이는 분명히 약속을 하겠지만 막상 옆집에 가면 잘 놀다가 싸울 가능성이 많다. 왜냐하면 대장이 되고 싶은 욕구가 강하기 때문이다.

만약에 옆집 아이와 싸우면 "아들아, 아직 친구 집에서 놀 준비가 안 되었구나. 좀 더 준비하고 다음에 오자."라고 말하고 단호하게 집으로 데리고 와야 한다.

아이로 하여금 알게 하라,
떼를 한번 잘못 써서 백화점이라는 좋은 공간을, 이웃집이라는 좋은 놀이터를 놓쳤다는 것을 알게 하라. 또한 내가 떼를 쓰고, 고집을 부리고, 수단과 방법을 다 동원해도 안 되는구나, 엄마가 보통이 아니구나, 정말 한다면 하는 사람이구나, 라는 것을 확실하게 각인시켜주라.

담즙질은 자기 집보다 남의 집에서 노는 것을 더 좋아한다.
아이가 떼를 쓰거나, 친구와 다투었을 때 한 번쯤 자신의 모든 것이 좌절됨을 경험해보는 것도 좋다. 담즙질은 자신에게 손해되거나 자기 마음대로 안 되는 것은 한두 번 시도한 후에 안 한다. 왜냐하면 지혜롭기 때문이다.

[떼쓰는 아이와 대화하는 법]
첫째, 아이가 더 강하게 울거나, 고집을 부리거나, 떼를 쓰며, 물

건을 집어던질 때에는 두 손을 꼭 잡아라.

둘째, 아이에게 엄마의 두 눈을 보게 하라.

셋째, 울면서 말을 하면 눈물을 그치고 엄마를 똑바로 보고 말을 하라고 하라.

넷째, 아이가 엄마의 말에 말꼬리를 흐리거나 다른 말이나 행동을 할 때 말려들지 말라.

다섯째, "떼를 쓰지 말고 필요하다면 엄마를 설득해봐라. 왜 이것이 너에게 지금 필요한지 떼를 쓰지 말고 엄마를 설득해봐! 합당하면 들어줄게"라고 하라.

여섯째, 화나거나 잘못을 지적할 때 목소리 톤을 낮추어 목소리와 표정으로 화났음을 알려 주라.

일곱째, 현재 들어 줄 수 없는 상황이라면 한 번 생각해 보겠다라고 하라.

13) 대화의 주제를 바꾸려는 것에 넘어가지 마라

담즙질은 부모의 눈빛을 보면서 마음을 읽어낸다. 그리고 자신이 불리하다는 생각이 들면 말꼬리를 돌리거나 분위기를 바꾸려 하는 특성을 갖고 있다.

자신이 잘못을 했음에도 불구하고 훈계를 잘 들으려고 하지 않는 경향을 보인다. 부모나 중요한 타인이 아이의 잘못을 보고 훈계를 하려고 하면 아이는 행동을 바꾸거나 말꼬리를 돌려서 대화의 주제를 바꾸거나 훈계하려는 사람의 마음을 감동시켜 훈계를 하지 못하도록 한다.

말꼬리를 돌리는 능력을 타고났다. 부모는 절대 말려들지 말고 훈계를 할 때에는 끝까지 가야 함을 잊지 말아야 한다.

담즙질의 자녀가 친구에게 욕을 했다.

엄마는 "친구에게 욕을 하면 안 된다."라고 훈계를 했다.

그때 아이는 이렇게 말을 했다.

"그런데 엄마, 어제 어린이집 선생님이 욕을 하는 것을 들었어요."라고 말을 했다.

말꼬리를 돌려 위기 상황을 모면하려고 하는 것이다. 이처럼 아이가 불리한 상황에서 대화의 주제를 바꾸려고 할 때 부모는 "어제 선생님이 누구에게 뭐라고 욕을 했는데"라고 아이에게 질문을 하는 순간에 아이는 새로운 대화로 엄마를 주도해 나갈 것이다. 이러한 아이의 꾀에 넘어가면 안 된다.

식당에서 일어난 일이다.

담즙질 아이의 버릇없는 행동을 해서 어머니가 화가 조금 났다. 그래서 아들을 훈계하려고 아이에게 다가갔다. 이 순간에 아이는 옆에 있는 자신보다 한 살 적은 아이의 손을 잡고 이렇게 말한다. "쉬 마렵지. 형이 화장실에 데려다줄게, 가자."라고 말하면서 아주 다정스럽게 아이의 손을 잡고 화장실로 향하였다. 이 모습을 보고 있는 다른 사람은 아이의 조숙한 행동에 칭찬을 한다. 이러한 행동에 말려서 그냥 넘어가지 말라는 것이다.

말꼬리를 흐리거나 대화의 주제를 바꿀 때, 대충 넘어가게 되면 아이는 더욱더 부모를 만만하게 보고 사람을 조종하려고 할 것이다. 이들에게 무엇을 잘못했는가를 반드시 알게 한 후에 잘못한 것을 사과하게 해야 한다. 담즙질의 사람들은 자존심이 강해서 자신의 잘못을 잘 인정하지 않으려고 한다. 하지만 어릴 때부터 잘못한 것에 대하여 사과하는 훈련을 한다면 훌륭한 인격을 소유한 지도자가 될 수 있다.

14) 훈계는 이렇게 하라

존재에 대하여 훈계를 하면 자존심이 상한다. 이들은 자존심과 자신감 하나로 사는 사람인데 잘못된 행위를 책망하면서 아이의 자신감이나 자존감에 상처를 주면 아이의 미래까지 꺾을 수도 있다는 것을 알아야 한다. 그러므로 존재보다는 행위에 대하여 훈계하는 것이 중요하다. 그리고 자신의 잘못된 행동이 미래에 어떤 영향을 주는지, 주위 사람들에게 어떤 아픔을 주는지를 설명해 주어라.

첫 번째, 화를 내지 마라.

이들은 부모의 화난 모습을 보면서 즐긴다. 화를 내면 말려든다. 이들은 생각 없이 행동하는 것이 아니다. '내가 이렇게 행동하면 엄마는 분명히 화를 내고 이런 말과 행동할 것이다.'라고 생각하며 행동한다.

담즙질은 부모를 조종하는 방법을 알고 있다. 이들이 가장 많이 사용하는 방법은 화난 모습이거나 불만이 가득한 얼굴이나 화를 벌컥 내는 것이다. 말려들지 않는 것이 중요하다.

심하게 훈계를 했다고 가정해 보자.

아이가 울면서 자기 방으로 들어가는데 그 모습이 너무 안쓰럽고 측은하게 느껴질 때가 있다. 이때 지나친 모성애를 사용하여 사과를 하거나 미안해서 맛있는 것을 사주면 아이는 계속 이 패턴을 이용을 할 것이며 부모를 지속적으로 조종을 할 것이다.

두 번째, 친절하면서 단호하게 하라.

행동을 고치려고 할 때에는 '친절하면서 단호하게' 해야 한다. 화를 내 거나 구질구질하게 훈계를 하면 이들에게 말려든다. 아이는 즉시 짜증을 내 거나 협상을 하려고 한다.

이렇게 하라. 부모 입장에서는 화가 나고 마음도 아프겠지만 잠시 냉정함을 찾는 시간을 가져라. 의지력을 갖고 차분하게, 굵고 짧게 그리고 친절하면서 단호하게 말하라. 끝까지 간다는 것을 보여주어야 한다. 질하면 칭찬을 하고, 안 하면 벌을 주면 된다.

세 번째, 훈계할 때는 가능하면 사람들이 없는 곳에서 1:1로 하라.

이들은 훈계할 때나 잘못을 지적할 때는 친구들이나 다른 사람들 앞에서 하지 말라. 이들은 자존심이 너무 강해서 여러 사람들 앞에서는 자신의 잘못을 절대 굽히지 않으려고 한다. 아이를 훈계할 때는 화장실이나 조용한 곳에서 1:1로 하는 것이 많은 도움이 될 것이다. 1:1로는 약속했는데 여러 사람들 앞에 나오면 또 고집을 부릴 수 있다.

네 번째, 잘못을 지적하거나 훈계할 때는 정확하게 하라.

이들은 어릴 때부터 고집이 세고 자존심이 강하여 자신의 잘못을 인정하지 않는다. 잘못이 들통이 나면 다른 변명을 하거나 증거를 대라고 큰소리를 친다. 합당한 증거를 대면 배를 째라는 식으로 말을 하지 않고 가만히 있는다. 하지만 정확하게 훈계를 할 때는 수용을 한다.

[부모님, 학교에 잠시 와 주셔야 할 것 같습니다]

이 말은 초등학교 4학년에 다니고 있는 부모가 담임선생님으로부터 받은 전화였다.

선생님은 이렇게 말씀하셨다. "아이가 친구를 때렸는데 자신은 때리지 않았다고 합니다. 맞은 학생도 있고, 맞아서 상처의 흔적도 있고 주변에 증인들도 많은데 아이는 때리지 않았다고 합니다. 선생님이 반성문을 쓰라 해도 쓰지 않고 끝까지 자신은 때리지 않았다고 주장을 합니다. 어떻게 해야 합니까?"

어머니는 아이에게 "친구를 때렸느냐?"라고 물었다. 아이는 때리지 않았다고 끝까지 자신의 생각을 주장하고 했다.

집에 와서 어머니는 아이에게 "어떻게 된 일인지 자초지종 설명을 해봐. 엄마는 누가 뭐라 해도 네 편이란다."라고 했다.

아이는 이렇게 말을 했다.
"엄마, 아이들끼리 놀면서 장난하다가 팔을 돌렸는데 친구가 맞은 것이었고 상처를 입었던 것이에요. 내가 때린 것이 아니에요."

어머니가 이렇게 말을 했다.
"그래도 네가 그 아이를 때린 것이 맞네, 그런데 왜 안 때렸다고 주장을 하게 된 거니?"라고 물었다.

아이는 이렇게 대답을 했다.
"내가 고의로 때린 것이 아니잖아요. 장난 중에 팔을 돌리다가 친구가 맞은 것이잖아요. 만약에 선생님이 이렇게 물었다면 난 인정 했을 겁니다. '팔을 돌리다가 친구의 얼굴을 다치게 했느냐' 라고 물었다면 '그렇다.'라고 대답을 했을 것인데 '친구를 때렸느냐?'라고 물었기 때문에 때리지 않았다고 대답한 것뿐이었어요."

위의 사건을 보듯이 담즙질이나 우울질 성향이 강한 자녀들에게는 정확하게 질문하고 훈계하는 것이 중요하다. 정확하지 않으면 인정을 하지 않을 가능성이 많기 때문이다.

여섯째, 어릴 때는 생각하는 자리를 활용하여 훈계하라.

어릴 때라면 가장 좋은 양육 방법 중에 하나가 '생각하는 자리'를 만들어 무엇을 잘못했는지 생각하게 하는 것이다. 무엇을 잘못했는지를 깨달으면 엄마에게 말을 하라고 하면 된다.

담즙질에게 생각하는 자리가 효과 있는 이유는 이들은 잠시도 가만히 앉아 있지 못하는 유형이며 좁은 공간에 갇혀서 활동성이 제약을 받기 때문이다. 고로 가장 큰 벌은 움직이지 못하는 것이다. 이들에게 한 번만 친절하면서 단호하게 생각하는 자리를 사용하면 효과는 생각 이상이다.

생각하는 자리를 시작할 때 다음과 같이하라

첫째, 친절하면서 낮고 단호한 목소리로 말하라.

둘째, 아이가 잘못된 행동을 했을 때는 경고를 먼저 하라. "한 번만 더 그러면 '생각 자리'로 간다."

셋째, 장소는 밀폐되어 있거나, 위험한 공간, 산만하거나 재미가 있는 공간은 제외해야 한다. 방바닥에 아이의 발 모양의 스티커나, 방석을 생각 자리임을 표시한다.

넷째, 생각하는 자리를 시작했다면 끝까지 하라. 아이가 울든, 쉬를 하든지, 몸에 열이 나든, 심지어 응가를 하든, 끝까지 가라. 엄마는 다른 방에 있거나 아이가 안 보이는 곳에서 조용히 지켜보라.

다섯째, 시작할 때는 아이로 하여금 자신이 무엇을 잘못했는지를 생각해보고 말해달라고 하라. 굵고 짧게 그리고 친절하면서 단호하게 말하라.

여섯째, 아이가 자신의 잘못을 알고 반성한 후에는 아이를 따뜻하게 안아줘라. 그리고 이렇게 말해주라. "엄마는 네 편이란다."

일곱째, 생각하는 자리의 시간은 정해진 것은 없지만 1살을 1분으로 하는 것이 좋다.

'생각하는 자리'에 갈 때도 선택권을 주라.

"생각하는 자리로 갈래? 아니면 지금 엄마 말을 들을래?"라고 선택권을 주라. 그리고 잘하면 당근을 주고 잘못하면 '생각하는 자리'로 가면 된다.

일곱 번째, 훈계한 후에는 반드시 '네 편이다.'라고 말해주라.

15) 윤리적인 삶을 반드시 훈련하라

12살이란 아동기에서 청소년기로 넘어가는 시기이다. 아동기까지는 엄마의 말을 잘 듣고 영향력 속에 있지만, 사춘기가 되면 자신의 목소리를 내기 시작하며 부모의 도덕적 위선과 사회적 모순에 눈을 뜨기 시작하며 몸속에서 일어나는 호르몬의 변화는 많은 부분에 부모와 갈등을 일으키게 된다.

거짓말을 허용하지 마라

윤리 도덕이 강한 아이로 양육하기 위해서는 거짓말을 허용해서는 안 된다.

담즙질은 지혜의 은사를 태생적으로 갖고 있기 때문에 지혜를 잘 선용할 수 있는 아이로 양육해야 수많은 사람을 행복하게 하는 축복의 주인공이 될 수 있다.

담즙질은 거짓말을 하면 증거가 완벽하게 드러날 때까지 잡아떼는 경향이 있다. 거짓말을 했을 때 대충 넘어가서는 안 된다. 훈육할 적절한 타이밍을 놓치고 대충 넘어가게 되면 이 아이를 망치게 되는 근원이 되기도 한다.

자신의 잘못을 시인하게 하라

담즙질 유형의 사람들은 자신이 잘못을 해도 미안하다는 말이나 잘못했다는 말을 잘 하지 않는 경향이 있다. 만약에 담즙질이 자신의 잘못을 인정하는 삶을 훈련하는 순간 인생의 미래가 아름답게 펼쳐질 수 있다. 담즙질이 자신의 잘못을 인정하지 않는 이유는 자존심이 강하고 '나는 잘못한 것이 없다'는 약점의 지배를 받기 때문이 아닐까 라는 생각한다.

섬김의 삶을 훈련하게 하라

담즙질은 자신이 제일 잘났다고 생각하는 기질이다. 약한 자들과 친해지기보다는 강한 사람들과 힘 있는 사람들과 함께하길 원한다. 그래서 담즙질 자녀는 섬김의 삶을 가르쳐야 한다.

담즙질은 어느 기질보다 독립성과 주도성이 강하며 자존심도 세다. 그래서 이들에게 가장 필요한 교육은 어리고 의존성이 있을 때, 초등학교 졸업하기 전까지 섬김과 윤리 도덕을 확실하게 심어주어야 한다. 윤리 도덕이 훈련이 되면 담즙질의 장점이 빛을 발하게 된다.

윤리 도덕을 훈련할 때는 거창한 별칭이나 별명을 주는 것도 좋다.

어릴 때부터 장군, 대장, 목사, 교수 등의 별칭이나 별명을 지어주고 별칭을 불러주는 것이 좋다. 별칭을 정할 때는 사회에서 존경을 받는 이름이 좋다. 그리고 그 이름을 여러 사람 앞에서 크게 불러 주며 세워주는 것도 좋은 방법이다.

필자가 목회하는 교회에 담즙질의 아이들이 있다.

그들을 볼 때마다 이렇게 축복을 한다.

- 넌 아주 멋있는 사람이며 유능한 사람이 될 것이다.
- 유능한 사람이 되어 많은 사람을 올바른 데로 인도하는 훌륭한 지도자가 되어야 한다.
- 넌 잘 할 수 있을 거야.
- 넌 대장이야! 진정한 대장은 군림을 하는 것이 아니라 약한 사람을 보호를 하는 거야.
- 넌 앞으로 돈을 많이 벌 것이다. 돈을 벌어서 너의 배를 위하지 말고 많은 사람을 먹여 살리는 사람이 되라.

- 목사님 오셨어요? 목사님 너무 멋있어요. 목사님은 많은 사람을 풍요롭게 하고, 많은 사람을 살리는 사람이 되셔야 합니다.

이렇게 하면 이 아이는 자신을 큰 인물로 칭찬하고 믿어주고 불러주는 사람의 말을 듣고 스스로 인격을 훈련한다.

16) 약속을 지키게 하라

담즙질에게는 어릴 때부터 약속을 지키게 하는 것이 중요하다. 이들의 성향은 '칭찬은 내 것이고 잘못은 네 것'이라고 생각한다. 자신이 약속을 지키지 않았을 때는 '살다 보면 그럴 수도 있지' 라고 쉽게 넘어간다. 그러나 남이 약속을 지키지 않으면 '어떻게 그럴 수가 있나' 라고 화를 낸다.

자신은 약속을 잘 안 지키면서 엄마가 약속을 지키지 않으면 화를 내고, 엄마의 약점을 무기로 사용하여 공격하기도 한다.
내가 아는 아이는 친척이 올 때마다 이렇게 말한다.
"엄마가 약속을 해놓고 지키지 않았어요."
부모도 아이에게 약속을 지켜야 하며, 자녀에게도 꼭 약속을 지키게 하는 것이 중요하다.

17) 실패는 성공의 어머니로 양육하라

담즙질은 모든 것을 흑백논리로 보는 경향이 있다. 성공과 실패, 승리와 패배라는 단어는 생명처럼 소중하다. 이들은 실패를 경험하면 패배했다고 생각하며, 자신감 상실로 이어질 수 있다. 실패에 대한 인식을 바르게 하는 교육이 필요한 사람들이다. 실패는 삶의 일부일 뿐 자신이 곧 실패자를 의미하는 것이 아님을 분명히 이해 시켜 주는 것이 중요하다.

로버트 슐러 목사는 "실패가 성공의 어머니가 될 것인가, 아니면 끝인가를 결정하는 것은 실패를 어떻게 이해하고 받아들이느냐에 달려 있다"라고 했다. 그가 한 말을 되새겨 보자.

실패는 당신이 실패자임을 의미하지 않는다. 다만, 당신이 아직 성공하지 못했음을 의미할 뿐이다.

실패는 당신이 아무것도 성취하지 못한 것을 의미하지 않는다. 다만, 당신이 무엇인가 새로 배웠음을 의미 할 뿐이다.

실패는 당신의 위신이 손상된 것을 의미하지 않는다. 다만, 당신이 무엇인가를 용감하게 시도했었음을 의미할 뿐이다.

실패는 당신이 틀렸다는 것을 의미하지 않는다. 다만, 다른 방법으로 해야 할 것임을 의미할 뿐이다.

실패는 당신이 열등하다는 것을 의미하지 않는다. 다만, 완전한 존재가 아님을 의미할 뿐이다.

실패는 당신이 포기해야 한다는 것을 의미하지 않는다. 다만, 당신이 더 열심히 해야 한다는 것을 의미할 뿐이다.

실패는 당신이 결코 해낼 수 없음을 의미하지 않는다. 다만, 시간이 더 오래 걸릴 뿐임을 의미할 뿐이다.

실패는 하나님께서 당신을 버리셨다는 것을 의미하지 않는다. 다만, 하나님께서 더 좋은 계획을 갖고 계심을 의미할 뿐이다.

실패는 인간적이다. 그러나 실패에 주저앉는 것은 악마적이다.

3장

신중한 우울질 자녀 양육

1. 우울질의 행동 특성

1) 마음을 알아주면 눈물을 글썽이며 서럽게 우는 아이

신중한 우울질은 어릴 때부터 잘 운다. 약간만 서러워도 울고, 자기의 마음을 조금 읽어주면 눈에 눈물이 글썽거린다. 이들의 울음소리를 들어보면 무척 서럽게 우는 것처럼 느껴진다. 어린 아이의 가슴에 무슨 한이 그렇게 많아서 우는지 모르겠지만 서러움이 깔려 있는 것 같다. 삶에 실망한 끝에 자신의 불행을 애처롭게 표현하는 울음인 것 같기도 하고 내 마음을 아무도 몰라줄 것 같아서 이 험한 세상을 어떻게 헤쳐나가야 하는가에 대한 울음인 것 같기도 하다.

청소년이 되고 성인이 되어서도 자신의 민감한 마음을 알아주면 눈가가 촉촉해지며 눈망울에 눈물이 잘 맺힌다.

2) 낯가림이 심하고 엄마 곁에 착 달라붙는 아이

전형적인 내향성이며 주위에 대한 호기심이나 경계심이 강하기 때문에 낯가림이 심하다. 낯선 타인의 품에 쉽게 안기는 성향이 아니라 약간 경계의 눈길을 보내고 얼굴을 싹 돌려버리는 경우가 많다. 이들이 이렇게 행동하는 내면적인 이유를 살펴보면 나를 잘 모르는 낯선 이방인에게 나를 맡기기 싫다는 뜻이 담겨 있다.

낯선 사람이 있으면 엄마 곁에 착 달라붙어 떨어지지 않으려 한다. 엄마의 입장에서는 속상할 수도 있고 아이가 너무 예민하기에 답답해할 수도 있겠지만 아이의 민감한 마음을 알아주고 수용해 주는 것이 좋다.

선천적으로 낯가림을 갖고 있는 우울질의 아이들을 명랑하고 쾌활한 아이로 키우려고 하지 말고 있는 그대로의 모습을 수용하고 낯가림을 하는 아이의 손을 꼭 잡아주라. 엄마 곁에 착 달라붙은 행동을 하더라도 수용하라. 아이가 잘못된 것이 아니라 기질적인 특성이라는 것을 알아야 한다.

3) 약간의 눈길만 주어도 행실을 바로잡는 순종적인 아이

순종적인 아이를 찾고 있다면 더 이상 물어볼 것도 없다. 올바름을 추구해야 하는 프로그램이 깔려 있기에 그저 불만스런 눈길로 한번 쳐다보기만 해도 곧바로 행동을 바로 잡는다. 그러나 이들의 마음 깊은 곳에서 진정으로 원하는 것은 '내 마음을 알아주세요, 내가 말을 하지 않아도 내 마음을 알아주세요.'라는 메시지를 보내고 있음을 알아야 한다.

4) 혼자 노는 것을 좋아하며 관찰과 퍼즐 맞추기를 좋아하는 아이

이들은 어릴 때부터 무엇인가 자세하게 관찰하는 모습을 자주 볼 수 있다. 또한 여럿이 놀기보다는 혼자서도 잘 논다. 퍼즐을 맞추는 것이나 장난감을 키대로, 크기 별로, 색상과 종류별로 구분하여 정리 정돈하는 것을 좋아하며 책 읽는 것을 좋아한다.

5) 표정이 조금 심각하고 무의식중에 한숨을 자주 쉬는 아이

이들은 내향성이며 부정적인 감성을 갖고 있다. 무엇을 바라보든, 생각을 하든 긍정적이며 밝은 쪽으로 생각하기보다는 부정적이고 어두운 쪽으로 생각을 많이 한다. 그래서인지 어릴 때부터 대부분의 표정이 심각하며 무의식적으로 한숨을 자주 쉬기도 한다.

유치원에 다니는 아이들도 소파에 앉아 땅이 꺼져라 한숨을 쉬기도 한다. 이때 한숨 소리를 듣고 야단을 칠 것이 아니라 마음을 읽어주고 공감해 주는 것이 좋다.

6) 약간의 비염이 있고 징징 짜는 소리를 잘하는 아이

우울질 아이들은 어릴 때부터 약간의 비염을 가지고 있을 경우가 많다. 그래서 징징 짜는 소리, 우는 소리, 콧소리를 한다. 이들이 징징 짜면서 말을 하는 것은 어떤 이유 때문일까? 그것은 부모에게 거절당한 것이 두려워서 거절하지 못하게 하려고 징징대며 말을 하는 것이다. 그러나 아이는 자신의 징징 짜는 소리가 부모의 마음을 더 상하게 할 것이라고는 생각을 하지 못한다.

부모들은 아이를 향해 이런 말을 많이 한다.

"제발 징징거리지 말고 말을 해!"라고. 그런데 부모가 이렇게 말을 하면 할수록 아이는 더 징징 짜는 소리로 말을 한다. 한두 번도 아니고 계속 징징 짜는 소리, 앵앵거리는 소리를 듣고 있는 부모로서 힘든 일일 수는 있으나 공감하고 인내하며 들어주는 것이 중요하다.

7) 미각과 후각이 뛰어나 맛을 알고 편식이 있는 아이

이들은 미각이 발달되어 있어 미식가들이 많다. 자기 입맛에 한 번 경험된 그 맛을 느끼기 위해 그곳을 다시 찾기도 한다. 뛰어난 미각으로 편식을 할 수도 있다. 물론 성장 후에는 미각이 에너지로 승화되어 요리와 음식과 관련된 일에 전문가가 되기도 한다. 또한 후각이 발달되어 냄새에 아주 예민하다. 특히 비장 기능이 약한 부분과 후각이 발달되어 약간의 냄새에도 비위가 상하여 괴로워하는 경향이 강하다.

8) 동물과 식물 그리고 자연을 좋아하는 아이

우울질은 사람의 마음 깊은 곳에 있는 영혼의 울부짖음을 읽을 수 있는 능력이 있다. 사람의 얼굴 표정만 봐도, 억양만 듣고도 마음을 읽을 수 있는 사람들이다. 또한 자연을 좋아하고 감각기능이 아주 뛰어나서 동물과 마음으로 대화를 하는 유형이라 할 수 있다. 이들은 어릴 때부터 애완견이나 햄스터, 고양이를 비롯하여 다양한 동물과 물고기 등을 키우고자 하는 마음이 강하다. 그리고 자연을 너무 좋아하기에 흙이나 물소리, 바람 소리, 식물, 꽃

등을 좋아한다.

9) 자기 공간에 허락 없이 들어오는 것과 물건에 손 대는 것을 싫어하는 아이

이들은 완벽성을 타고난 아이들이다. 완벽성이란 정확성, 논리성, 올바름을 추구하며 무엇이든 깔끔하고 정확해야 한다. 이들은 흐트러진 것이나 무질서한 것을 싫어하기에 장난감도 크기별로 정리해 놓고 옷도 색상과 종류에 따라 분류하여 언제나 깔끔하게 정리정돈을 한다. 자기 물건은 제자리에 있어야 하며 누가 자신의 물건에 손대는 것을 싫어한다.

10) 수학, 과학 과목을 좋아하는 아이

이들은 암기하는 과목보다는 이해하는 과목을 좋아한다. 단순한 것보다는 원리를 이해하고 깨닫는 것을 좋아한다. 언어보다는 숫자 개념이 빠르고 사물의 이치와 원리를 알고 싶어 하기에 수학이나 과학, 물리, 로봇과 같은 창의적인 공부나 도서를 좋아한다.

2. 우울질 속에 있는 무한한 가능성의 씨앗

1) 다재다능함의 씨앗

신중하고 사고형인 우울질은 재능이 많다. 이들은 하고 싶은 것이 너무 많고 알고 싶은 것도 너무 많다. 가능한 한 많은 것을 경험시켜주는 것이 아이의 미래를 풍성하게 한다. 시작을 하다가 중도에 포기해도 상관없다. 이들이 포기하는 이유는 의지가 약해서가 아니다. 자신이 상상하며 마음으로 그리던 이상적인 생각과 현실이 달라서이다. 많은 것을 경험하게 하라. 경험이 최고의 재산이다.

[우울질 속에 있는 다재다능함에는 다음과 같은 것이 있다]
첫 번째는 음악성이다.

이들은 음악을 좋아한다. 듣는 것을 좋아하고 부르는 것도 좋아한다. 노래를 잘하는 이도 있고 못 하는 이들도 있지만, 노래를 좋아한다. 노래를 잘 못 하면 편곡이나 작곡 또는 절대 음감을 갖고 있는 사람들도 있다. 분위기를 잘 타고 예민한 감수성을 갖고 있기에 음악에 푹 빠져들기도 한다. 음악에 관심이 있는 아이라면 음악과 관계된 다양한 활동을 많이 경험하게 하라.

두 번째는 미술성이다.

아이들은 그림 그리는 것을 좋아한다. 남의 그림을 흉내 내거나 모방을 하는 것이 아니라 아주 창의적이며 독특한 모양을 그릴 수 있다. 어릴 때부터 물감을 비롯하여 다양한 색을 갖고 풍성하게 놀 수 있도록 기회를 주라. 다양한 경험이 아이들의 내면에 있는 무한한 잠재력에 생기를 불어넣게 된다. 가능하다면 화이트보드를 구입하여 그림을 그리는 놀이를 엄마와 함께하라. 아니면

벽에 모조 전지를 붙여서 마음껏 그림을 그리게 하라. 그림을 그린 후에는 이야기로 구성하여 표현을 하는 능력을 길러주면 좋다.

세 번째는 음악과 미술을 다 잘하는 사람이 있다.

우울질은 감성이 풍부한 사람들이다. 밝고 긍정적인 감성보다는 약간 어두우며 우울한 감성이라 할 수 있다. 이러한 자신의 감성을 말이나 감정으로 표현하기보다는 음악이나 미술을 비롯하여 다양한 예술적 행위로 내면세계나 상한 감정을 표현하고자 한다.

네 번째는 손재주가 좋다.

손으로 하는 것은 무엇이든 한 번 경험하고 나면 쉽게 배우고 따라 하는 경향이 있다. 어릴 때부터 혼자 블록을 갖고 노는 것을 좋아하고 컴퓨터나 전기, 전자제품을 만지거나 새로운 것을 발명하거나 로봇을 만들거나 물건을 조립하는 것을 좋아한다. 손재주도 좋은데 예술성까지 뛰어나기에 디자인이나 헤어디자인, 메이크업, 네일아트, 로봇 만들기와 같은 관심 있는 분야를 직접 몸으로 경험하고 알고자 하는 욕구가 강하다. 가능하다면 관심 있어 하는 분야에 많은 체험을 하게 하라.

다섯 번째는 요리를 잘한다.

외형은 입이 작고 눈매가 차가우며 미각과 후각이 발달해 냄새에 민감하고 미각이 발달되어 음식의 맛을 아는 미식가가 많다. 미각과 후각이 뛰어나기에 요리에 내한 관심이 많다. 이들의 미각과 후각을 잘 살려줄 수만 있다면 훌륭한 요리사가 될 것이다. 가능하면 어릴 때부터 부모와 함께 요리를 함께해 보는 것도 좋다.

2) 분석력이라는 무한한 가능성의 씨앗

분석력이란 여러 요인으로 이루어진 복합적인 현상을 다양한 각도로 풀어서 논리적으로 해명하는 능력이다. 분석하는 능력이 아주 뛰어나서 당면한 문제들을 세밀하며 정확하게 분석하여 치밀하게 계획을 세워서 일을 진행한다.

분석력이 뛰어난 이유는 다음과 같다.

첫 번째는 지능지수가 높아서이다.

기질별로 IQ가 100%로 맞는 것은 아니지만 통계적으로 이렇게 설명하기도 한다.

점액질은 100-110,

다혈질은 110-120,

담즙질은 120-130,

우울질은 130 이상이다.

아리스토텔레스는 '우울질은 다 천재다.'라고 말했다.

이들은 IQ가 높기 때문에 다른 사람들이 쉽게 분석할 수 없는 내용도 쉽게 분석할 수 있다. 우울질의 '분석력'은 타고났다고 할 수 있다. 분석력과 모든 것에 완벽을 추구하는 성품이 연합되어 정확하고 섬세하게 세부적인 일이나 내용을 파악하는 능력은 탁월하다.

두 번째는 '생각하는 차원이 다르기 때문'이다.
나무를 기준으로 각 기질들의 관점의 차이를 비교해보자.
다혈질은 숲을 보고,
점액질은 가지를 보고,
담즙질은 핵심인 줄기를 본다.
우울질은 숲도 보고, 가지도 보고, 줄기도 보고, 뿌리까지 상상하며 그 이면에 무엇이 있을까를 생각한다.

이들의 사고 구조는 사물의 근본과 원리에 대해 알고 싶어 하는 욕구가 강하다. 이들은 무조건 수용하기보다는 모든 가능성을 열어두고 연구 분석하는 것을 좋아한다. 연구 분석을 통하여 남들이 알지 못하는 새로운 지식을 알아가는 것을 중요한 가치로 여긴다.

IQ가 높고 분석하는 능력으로 암기하는 분야보다는 추리, 탐색, 연구하는 분야의 공부를 더 선호한다. 이들은 수학이나 물리, 과학, 화학, 생명공학 등 연구하는 과목을 좋아한다.

3) 지적 호기심과 상상력이라는 씨앗

마음껏 질문하게 하고 상상의 날개를 펼치게 하라. 이들이 질문을 했을 때에는 관심 있는 분야이든 아니든 간에 하는 일을 중단하고 진지하게 들어주고 모르는 것이 있으면 함께 알아봐주라. 이들은 자신의 지적 호기심과 많은 질문이 다른 사람들에게 이상하게 비춰지지 않을까 하는 두려움이 내면이 있다.

지적 호기심과 상상력에 제동을 걸지 말라.

순수한 마음에 상처를 입지 않도록 "왜?"라는 질문을 마음껏 하게 하라. 아이의 "왜"라는 질문에 쓸데없는 질문을 한다든지, 왜 그렇게 생각하느냐고 핀잔을 주지 말라.

독특한 사고와 질문이 별난 사람으로 보일 수 있다.

지적 호기심과 순수함 그리고 다른 사람들과 구별된 존재가 되고 싶어 하는 욕구를 "넌 왜 그렇게 별나니."라고 말하지 말라. 어떤 일을 하느냐에 관심을 두기보다는 어떤 사람인가에 관심을 두는 것이 중요하다. 그러므로 아이가 무슨 일을 하는가에 관심을 두지 말고 아이가 어떤 사람인가에 초점을 맞추어 있는 그대로의 모습을 수용하고 받아주라.

이들이 "왜"라는 질문을 자유롭게 할 수 있을 때 건강하게 성장할 수 있으며 "왜"라는 질문에 스스로 답을 찾아가는 과정이 이들의 미래를 풍요롭게 하며 무에서 유를 창조하는 사람으로 성장해 나가는 것이다.

4) 정확성, 논리성 그리고 합리성이라는 씨앗

이들은 머리형의 사람들이다. 어떤 일이든 머리로 논리적으로 생각하고 합리적인가 비합리적인가에 대하여 관심이 많다. 이들은 정확성과 논리성에 의해 동기부여를 받는 유형이다. 약간 비합리적이거나 불확실성이 있으면 잘 움직이지 않으려 한다. 약간의 불확실성이나 의심이 있는 부분이 있으면 "왜?"라는 물음을 갖고 끈질기게 질문하는 경향이 있다. 합리적이며, 논리적이고, 이성적인 부분이 발달되어 있음을 알아야 한다.

이들은 감정에 휘둘리는 것을 두려워한다.
감정에 휘둘리게 되면 총명한 판단력을 잃을까 봐 더욱더 물음을 갖고 따지거나 머리로 분석하고자 한다.

이성적이며 합리적이고 논리적이라는 씨앗이 잘 자라면 의사, 약사, 법학, 변호사, 신학, 검사, 철학, 보험 등 다양한 분야에서 능력을 꽃 피울 수 있다.

5) 초감각적인 씨앗

신중한 우울질은 감각기능이 뛰어난 사람들이다. 그래서 '초감각적인 사람이다.'라고 표현하기도 한다. 또 다른 말로 바꾼다면 촉이 빠르고 직관력이 뛰어나다고 할 수 있다. 감각 기능이 뛰어나기에 생각하는 것이 현실에 종종 일어난다. 예를 들자면 오늘 내가 누구를 만날 것 같은 생각이 들면 그 사람을 만나는 일이 생기고, 내가 오늘 이것이 먹고 싶다고 생각하면 누군가가 그것을 사 오는 것을 경험하고, 오늘 이런 일이 일어날 것 같다는 생각이 들면 실제로 일어나기도 한다.

우울질은 사고 지향적이며 생각하는 사람들이다.

생각이 삶을 지배하고 행동을 지배하며 감정을 다스린다. 모든 것이 사고를 따라간다. 이들은 생각이 어떠하냐에 따라 인생이 바뀐다. 불행하게도 이들은 긍정적 사고보다는 부정적 사고가 강한 사람들이다. 긍정적인 생각을 하면 긍정적인 일들이 일어나게 되며 부정적인 사고를 하게 되면 부정적인 일이 현실에 일어날 가능성이 많다. 어릴 때부터 사고의 유연성을 키우고 긍정적 사고를 훈련한다면 미래는 풍성한 삶으로 이어질 것이다.

초감각적 기능이 탁월하기에 사람의 내면 깊은 곳에 있는 영혼의 아름다움과 울부짖음을 들을 수 있고 느낄 수 있는 능력을 갖고 있다. 진심으로 함께 기뻐하고 함께 아파하는 마음을 갖고 있다.

초감각적인 능력을 사용하여 동물의 마음을 읽을 수 있고 대화할 수 있는 능력을 가진 사람이라고 할까? 그래서 이들은 동물을 사랑한다. 어릴 때부터 동물을 키우고 싶다고 부모님께 이야기하곤 한다.

또한 자연을 사랑하는 사람들이기 때문에 자연이 훼손되는 것을 아파한다. 흙을 좋아하고, 낙엽 소리, 물소리, 바람 소리, 새소리 등을 참 좋아하며 풀 향기를 맡으며 자연 속에서 아름다움을 감상하는 탁월한 능력을 갖고 있다. 아름다운 것이나 새롭고 신비한 것이 있다면 마음에 담아두려고 사진을 많이 찍는다.

6) 완벽을 추구하는 씨앗

신중한 우울질은 완벽주의는 아니지만 '완벽을 추구하는 욕구가 강한 사람'이라 할 수 있다. 완벽을 추구하려는 마음은 후천적으로 형성이 된 것이 아니라 태생적이며 선천적이며 타고난 것이다. 선천적인 요소가 있기에 잘못하면 완벽주의가 될 위험성도 배재할 없다.

완벽을 추구하려는 성향으로 많은 분야에 성공을 하고 어디를 가든지 인정을 받는다. 성공과 성취는 많이 하지만 성취감이나 행복감은 많이 느끼지 못하는 경향이 있다. 좀 더 잘하지 못한 것에 대하여 스스로 자책하는 경우가 많다.

완벽을 추구하고자 하는 성향을 갖고 있는 것은 아주 좋은 것이다,
이러한 욕구를 통하여 법의 근간이 서고, 윤리와 도덕 그리고

올바름과 원칙이 세워진다. 하지만 완벽주의가 되려 하거나, 부모가 완벽성을 지나치게 상조하면 강박적 사고와 행동을 하게 될 가능성이 있다. 이러한 특성을 알고 양육하는 것이 중요한 포인트가 됨을 잊지 말아야 할 것이다. 작은 일에 감사하는 마음과 성취감 그리고 행복감을 느끼며 살았으면 하는 마음이다.

우울질은 재능은 참 많은데 의외로 자존감이 낮을 가능성이 많다.

그 이유는 다음과 같다.

첫 번째, 자신과 타인에 대한 기대치가 높기 때문이다.

이들은 타인에 대한 기대치와 자신에 대한 기대치가 너무 높기 때문에 자신을 엄하게 비판을 하기 때문이다. 기대치가 너무 높기 때문에 스스로 만족하지 못하고 나 같은 사람이 어떻게 이런 일을 할 수 있을까 라고 생각하는 경향이 강하다. 타인에 대한 기대치도 높기 때문에 수용을 잘못하고 비판을 하는 경향이 강하다. 이들이 기대치를 조금 낮출 수만 있다면, 작은 일에 감사하고 희열을 느낄 수만 있다면 행복이라는 단어는 삶으로 표현될 것이다.

두 번째, 완벽을 추구하고 싶은 욕구가 너무 강하기 때문이다.

무엇을 하든지 완벽하게 하려는 것은 잘못된 생각이 아니다. 하지만 이들은 완벽주의자가 될 가능성이 많다. 인간은 유한한 존재이기 때문에 무엇을 하든지 완벽하게 할 수가 없다. 그러므로 자신을 탓하고 비하하는 경우가 이들에게는 흔하게 발생할 수 있다.

완벽을 추구하기 위해 다섯 단어가 이들의 삶을 지배한다.
- 첫 번째, 좀 더 잘하자.
- 두 번째, 무엇을 해도 제대로 하자.
- 세 번째, 실수하지 말자.
- 네 번째, 놀지 말자.
- 다섯 번째, 최고가 되자.

이러한 단어를 어느 정도로 활용하면 자기 성장에 많은 도움이 될 수 있다. 하지만 지나치게 강조를 하게 되면 강박관념과 이상 행동으로 이어지기도 한다.

세 번째, 부정적인 성향을 갖고 태어났기 때문이다.

이들이 부정적 성향은 성장 과정에서 형성된 것이 아니라 조물주가 창조할 때 주신 것이다. 이들이 부정적인 이유는 미래를 바라보는 안목이 너무 발달되어서이다. 남들이 보지 못하는 문제를 바라보는 능력이 있기 때문이라 할 수 있다.

완벽을 추구하고 싶은 이들의 욕구로 인하여 세상은 아름다워 진다. 자유로움 속에서 완벽을 추구하는 욕구를 가졌으면 하는 마음이다.

7) 의미와 가치를 추구하는 씨앗

우울질의 자기희생적인 부분은 남을 위해 헌신하고 희생하는 면이 있다. 앞에 나서서 일하기보다는 뒤에서 하는 일을 더 좋아한다. 이들은 희생정신이 필요한 직업을 자주 선택하고 박애주의 활동에 인생을 바치고 싶은 욕구를 많이 느낀다. 무엇을 하든지 의미와 가치를 찾는 것이 중요하다. 이들은 의미와 가치가 있는 일이라면 목숨을 건다.

이들의 내면에 있는 좌우명은 다음과 같다.
• 가치 있다면 잘하자.
• 의미 있다면 잘하자.

이러한 좌우명으로 무엇을 하든지 의미와 가치를 찾는 것이 중요하다. 힘든 직업이라 할지라도 희생적이며 가치와 의미 있는 직업을 선택할 가능성이 많다.

8) '올바르게 살자'의 씨앗

이들은 무엇을 하든지 정확하게 하자는 욕구가 강하다. 그래서 이들의 삶의 좌우명은 '올바르게 살자'이다. 이들은 일을 하든지, 관계를 맺든지, 무엇을 하든지 올바르게 하고자 한다. 원칙이나 약속을 지키려고 한다. 자신이 올바르다고 생각하기 때문에 남들에게 지적을 잘하는 경향이 있다. '나와 같이 생각하면 세상이 참 밝을 텐데 왜 나처럼 생각하지 않을까'라고 생각하면서 주변에 있는 사람들에게 자신과 같은 수준의 올바름을 강하게 요구하기도 한다.

3. 우울질 속에 있는 잡초

1) 부정적이고 비판적인 사고의 잡초

이들은 미래를 보는 안목이 매우 뛰어나다.

미래를 보되 긍정적으로 보는 것이 아니라 부정적인 면으로 본다는 것이 문제다. 더 정확히 말하자면 '비판적'이기도 하다. 사실 비판적이라는 경향성을 보이는 이 기질은 실제로는 더 정확하게 하고자 하는 욕구, 잘하고자 하는 욕구에서 나오는 것이다. 그런데 대부분의 사람은 우울질의 정확하게 하자는 욕구를 보고 '따진다, 비판적이다'라고 판단하기도 한다.

만약에 이런 아이가 당신의 자녀라면 '비판적이다. 부정적이다'라고 표현하기보다는 '정확하게 하고자 하는 욕구, 불확실성을 확실성으로 바꾸고 싶은 욕구'라는 사실을 알고 부정적이고 비판적인 반응을 이해하고 수용하는 것이 중요하다. 이런 관점으로 아이들을 바라보면 양육하기가 훨씬 편할 것이다.

2) 특별히 잘하는 것이 없다는 생각의 잡초

이들은 다재다능한 사람이다. 못 하는 것이 없을 정도로 잘한다. 그런데 특별히 잘하는 것이 없다는 생각으로 인해 열등감과 낮은 자존감에 사로잡히기도 한다. 특별히 잘하는 것이 없다는 생각을 '나는 특별하게 잘하는 것은 없어도 다양하게 잘한다. 이것이 최고의 장점이다.'라고 생각하게 해주라. 이들은 사고형이기 때문에 생각을 바꾸면 미래가 바뀌며 미래가 바뀌면 운명이 바뀌기 때문이다.

3) 강한 자기중심적 사고의 잡초

어떤 일이 생기면 우울질은 일상에 적응을 할 수 없을 정도로 마음을 잡지 못한다. 그리고 그 일에 빠져서 수많은 생각을 한다. 또한 그 일과 맞물린 자신의 생각과 일의 상관관계를 끊임없이 저울질하고 분석을 시작한다. 하지만 선뜻 어떤 결정은 내리지 못한 채 부정적인 결과를 미리 생각하기에 자신감을 잃는다. 그리고 자기중심적인 예민한 감수성과 예측할 수 없는 미래에 대한 불안, 그리고 의심 때문에 스스로 상처를 키우며 편향된 사고에 빠지기가 쉽다. 자기 생각에 빠지기 시작하면 양파가 껍질을 까듯이 자기를 분석한다. 심지어 자기를 비하하고 정죄하고 고문을 하고 파괴까지 이르기도 한다. 그래서 우울한 감정에 쉽게 빠지고 우울증을 가장 많이 겪는 기질이라 할 수 있다.

4) 쉽게 상처를 잘 받고 오래 간직하는 잡초

이들은 과거를 잘 기억한다. 긍정적인 것보다 부정적인 것을 잘 기억하고 상처 입은 것과 상처를 준 사람을 오래도록 기억한다.

우울질은 생각지도 않은 일에 상처를 받고 오랫동안 간직하고 있음을 알고 자녀를 대할 때는 말소리의 크기까지 조절하라. 그렇지 않으면 그들은 예기치 않은 일로 마음이 상할지도 모른다. 만일 상대방이 어떤 일로 상처를 받았다면 그에게 진지하게 사과하라.

5) 부족한 사교성의 잡초

이들은 내향성이다. 어릴 때부터 낯가림이 심한 유형이라 대인 관계에서 처음 사람을 만났을 때 금방 친해지기가 쉽지 않다. 적어도 처음 말을 하려면 두세 번은 만나야 말을 시작할 수 있다. 그러나 한번 사귀게 되면 깊게 사귀는 유형이다. 주변에 친구들은 많지 않지만, 목숨을 함께 나눌 정도의 깊은 친구들이 있다.

우울질 청소년들에게 꼭 하고 싶은 말이 있다.

친구가 많은 사람을 부러워하지 말고 당당하게 자신의 모습으로 인생을 살았으면 한다. 친구를 사귀기 위해 자신의 정체성까지 상실하면서 다가가지 말고 다가오는 친구를 잘 사귀었으면 한다. 당신에게는 남들이 갖지 못한 카리스마가 있음을 알아야 한다.

6) 복수심의 잡초

다혈질이나 담즙질은 분노가 생기면 즉시 표현하는 경우가 많다. 점액질은 분노가 생기면 그 상황을 회피하는 경향이 있고 우울질은 분노가 일어나면 내면으로 억압을 한다. 내면으로 억압하기 때문에 아무도 화난 것을 알지 못한다. 그러나 억압된 분노는 미해결된 감정 상태로 가슴 속에 차곡차곡 쌓이게 된다. 어떻게 보면 우울질은 가슴에 고통의 목록이라는 상자가 있을지도 모르겠다. 그만큼 상처를 해소하지 못하고 가슴에 새겨 놓은 사람들이다. 이들은 억압을 하다가 도저히 참지를 못할 때에는 관계를 단절하거나 복수를 하는 경향이 있다. 이들이 복수하는 마음을 포기하고 용서하는 마음을 가질 때 풍요로운 삶과 성숙한 인격을 갖게 된다.

4. 우울질 자녀 양육 방법

멀티플레이어로 양육하라. 창조주 하나님은 신중하고 예민한 우울질에게 다양한 재능을 주셨다. 다재다능한 재능으로 어릴 때부터 궁금한 것이 많고 하고 싶은 것과 알고 싶은 것이 너무 많다. 할 수만 있다면 하고 싶어 하는 것을 모두 경험시켜주라. 그리고 지적 호기심을 적극적으로 활용하여 함께 알아보고 찾아보고 연구하고 체험을 하게 하라.

기회를 주었음에도 불구하고 쉽게 포기할 수도 있다.

그럼에도 불구하고 또 다른 무엇에 관심이 있으면 경험하게 하라. 부모 입장에서 "이번에도 얼마 동안 하다가 포기할 건데 하지 마라. 이번에 포기하면 도대체 몇 번째야, 좀 끈기 있게 해 봐라.

넌 어찌 끝까지 하는 것이 하나도 없느냐"라고 말하지 마라. 이들이 포기하는 것은 의지가 약해서가 아니라 자신이 생각하고 상상했던 것과 다르기 때문이라는 것을 알고 열정과 흥미를 느끼는 것이라면 함께 시간을 투자하여 많은 것을 경험하고 멀티 플레이가 가능한 사람으로 성장하게 하라.

1) 민감하고 예민한 마음을 알아주어라

우울질은 매사에 신중하며 예민한 마음을 가진 사람들이다.

이들은 감각기능이 뛰어나서 사람들의 깊은 내면의 소리를 읽고 알아차리는 능력이 뛰어난 기질이다. 타인의 필요와 마음을 재빨리 알아차리고 적절하게 행동을 한다. 타인도 자신과 같은 능력을 갖고 있는 줄 안다. 그래서 내가 말을 하지 않아도 나의 마음을 알아주었으면 하는 마음이 강하다.

신중한 우울질이 남자라면 조금 덜 하겠지만 여자라면 민감한 마음을 알아달라는 요구는 몇 배가 된다. 그 이유는 여성이 원하는 사랑은 요구하기 전에 알아서 배려해주고 챙겨주는 사랑이기 때문이다.

부모가 자신의 마음을 잘 몰라주면 이러한 생각이 내면에 자리 잡는다.

- 나는 부모의 마음을 알 것 같은데 왜 부모는 나의 마음을 알아주지 못할까?

- 엄마가 정말 내 엄마가 맞을까?
- 엄마는 계모가 아닐까?
- 나를 사랑하는 것은 맞을까?
- 내 마음을 알아주는 사람은 아무도 없네.
- 이 험한 세상을 어떻게 살아가지.

이 기질은 염세적인 태도와 염려와 걱정 그리고 미래에 대한 불안감으로 우울해지기 쉬운 기질이다. 그래서 우울증에 잘 걸릴 수 있고 심지어 자살 충동을 많이 느끼는 기질이라 할 수 있다. 이들은 자신의 마음을 알아주는 한 사람만 있어도 엇길로 가지 않으며 우울해지지 않고 부정적인 행동을 하지 않는다. 민감한 마음을 알아주는 한 사람이 없기 때문에 잘못된 생각과 행동을 한다.

민감한 마음을 알아주는 방법

첫 번째, 대화하는 방법을 알라.

이 기질은 자신의 욕구와 필요를 직접적으로 표현하는 타입이 아니라 간접화법을 많이 사용한다. 간접화법도 강하게 주장하는 것이 아니라 은근슬쩍 표현한다. 그리고 몰라주거나 반대를 하면 거절이라는 상처를 받게 된다. 상처를 준 사람은 없는 것 같은데 이 기질은 거절이라는 상처를 많이 받는다. 이들은 상처를 받으면 가슴에 묻어두는 성향이 있다. 상처받은 것을 마음 한 곳에 기록 한 후에 없는 것처럼 일상생활을 한다. 나중에 더 큰 상처를 받거나 지속적으로 받게 되면 기록된 상처의 목록을 되씹거나 꿈이 없는 사람이 되기도 한다. 그러므로 신중한 우울질이 하는 말과 행동의 뜻을 알고 마음을 알아주는 것이 가장 큰 사랑이다.

[아빠, 학교 마치고 나오는데 이것을 주었어요]
필자의 딸이 중학교 2학년 때 집에 와서 전단 한 장을 손에 들고 이렇게 말했다.

"아빠! 오늘 수업을 마치고 학교 정문을 나오는데 어떤 사람이 이것을 나누어 주었어요."라고 하며 전단을 보여주었다. 전단지 내용인 즉 미용학원에서 수강생을 모집하는 내용이었다.

그래서 이렇게 물었다.
"미용학원에 가고 싶니?"

딸의 대답은 이랬다. "가고는 싶은데…."

그래서 난 딸에게 이렇게 말했다.
"이번 토요일에 미용학원에 아빠하고 한 번 가보자."

딸은 "아빠 정말 가 볼 거야, 정말이죠. 약속했어요."라고 정말 좋아했다.

그리고 토요일에 학원을 직접 방문하며 경험을 하게 했다.

많은 것을 알아본 후에 딸이 이렇게 말했다.

"아빠! 하고는 싶은데 분위기가 좋지 않아요. 수강료도 비싸고, 여기 오는 애들은 공부를 안 하는 것 같아요. 일단 공부를 어느 정도 되고 있으니까 공부를 열심히 할게요. 아빠! 내 마음을 알아줘서 너무 고마워요."

두 번째, 한 달에 1~2회 정도 이렇게 질문을 해보라.

"이번 달에는 엄마 때문에 살짝 마음 상한 일이 없었니?"

신중한 우울질의 아이들은 뜻하지도 않은 곳에서 마음이 상할 수 있다.

상한 마음을 표현하면 부모님이 속상해할 것 같아서 참고 지낸다. 상한 마음이 지속적으로 쌓이게 되면 부모님과 대화를 하지 않거나, 자기만의 공간으로 숨게 되거나, 등교 거부 등 다양한 행동들이 나타날 수 있다. 이들은 자신의 상한 마음을 부모가 알아서 배려해주고 보듬어주길 원한다. 부모가 신중한 우울질이라면 어느 정도 가능하겠지만 다른 기질이라면 힘든 일이다.

부모가 우울질이 아니라면 한 달에 1~2회 정도 이렇게 질문을 해보라.

"이번 달에는 엄마 때문에 살짝 마음 상한 일이 없었니?"

이 질문에 우울질 자녀의 민감하고 예민한 마음을 알아주는 핵심이다. 또한 이 질문에 자신의 마음을 알아주려고 애쓰는 부모에게 고마움과 감사함을 느끼며 감동을 받는다. 이 질문은 우울질과 잘 지내는 데 중요한 질문이다.

만약에 아이가 마음이 살짝 상한 일이 있다고 표현을 하면 진지하게 들어주고 공감해주라. 다 들은 후에 사과를 해야 할 부분이 있다면 진지하게 사과를 하고 용서를 구할 부분이라면 진심으로 용서를 구해야 한다. 그리고 부모가 말한 의도와 다르게 생각하여 마음이 상하였다 할지라도 부모의 정당성을 주장하지 말고 '그렇게도 생각할 수 있겠구나'라고 생각하고 마음을 보듬어주라.

[아빠 나! 살짝 마음 상한 일이 있어요]

"사랑하는 딸아, 이번 주에는 아빠 때문에 마음이 살짝 상한 일이 없었니?"라고 물었다. 묻기는 했지만, 필자 생각에는 당연히 없을 것이라고 생각했었다.

딸 : 아빠 그때 마음이 살짝 상했어요.

아빠 : 언제였어?

딸 : 아빠하고 테니스를 치러 갔을 때 한 게임만 하고 간다고 해놓고 두 게임을 하고 왔을 때요.

아빠 : 내가 그때 너에게 양해를 구했잖아.

딸 : 아빠가 즐거워하는데 내가 어떻게 거절해요? 사실 난 그때 친구와 약속이 있었단 말이에요. 조금 마음이 상했어요.

아빠 : 그럼 강하게 주장을 하지! 왜 안 했어?

딸 : 아빠가 좋아하고 팀 구성원이 잘 맞는 것 같아서 내가 참았지요.

아빠 : 그랬구나. 미안해. 그래도 아빠를 배려해 준 우리 딸이 고맙네.

딸 : 괜찮아요. 그래도 늦긴 했지만, 친구와 약속을 지킬 수 있어서 좋았어요.

세 번째, '몰라, 음…'의 의미를 알아야 한다.

이들은 갑작스러운 일이라면 아무리 좋은 일이라 할지라도 망설인다.

예를 들어 엄마가 "오늘 외식을 하자. 뭐 먹고 싶니?"라고 물으면 아이는 "몰라", 또는 "으음…"하면서 대답을 즉시 하지 않을 수도 있다.

이때 이렇게 말해보라.

"엄마가 갑자기 외식을 하자고 해서 당황했지, 한 번 생각해보고 10분 후에 다시 이야기해 줘"

여기서 중요한 것은 시간을 주는 것이다. 우울질의 아이들은 머리형이라서 어떤 일이 생기거나 결정을 해야 할 때 머리로 검토를 해야 한다. 그렇기 때문에 시간이 필요하다.

우울질은 가장 고귀한 그릇이다. 그런데 깨지기 쉬운 그릇이다.

한 번 깨어지면 회복이 잘 안 됨을 알고 처음부터 고귀한 그릇으로 키우려 한다면 '민감한 마음을 알아주는 것'이 최고의 사랑임을 기억하고 양육하자.

네 번째, 징징 짜는 소리의 의미를 알아야 한다.

우울질의 아이는 6세 이전에 약간의 비염을 가진 사람들이 많다. 6세 이전에 비염이 오는 원인을 필자는 이렇게 주장하고자 한다.

이들은 하고 싶은 것이 많고 알고 싶은 것이 많은 기질이기에 자연스럽게 욕구가 많다. 하지만 강하게 주장을 하지 않고 누군가 자신의 마음을 알아주길 원한다. 부모가 내면의 생각이나 욕구를 알아주지 않으니까 답답해진다. 그 답답함을 다른 기질은 소리를 지르거나 울거나 떼를 쓰면서 요구를 한다. 하지만 이 기질은 참고 인내하면서 내면으로 삼킨다. 그 답답함이 코로 가게 되며 비염이 생긴 것이라고 말하고 싶다.

징징 짜는 소리에 부모는 이렇게 말하기도 한다.
- 제발 우는 소리로 말하지 말라.
- 징징 짜는 소리로 말하지 말라. 엄미가 짜증이 난다.
- 코맹맹이 소리로 말하지 말라.

이들이 징징 짜는 소리를 내는 이유는 다음과 같다.
- 세상에 자신의 마음을 몰라 줄 것 같아서,

• 거절당하면 어떻게 하나 하는 마음에 의해서 거절당하지 않기 위해, 거절을 하지 못하게 먼저 선수를 쳐서 우는 소리를 내는 것이다.

그러나 이러한 징징 짜는 소리가 부모의 마음을 더 화나게 한다는 것을 꿈에도 모른다. 이 기질의 성향을 안다면 인내심을 갖고 공감하며 무엇을 원하는지, 어떤 말을 하고 싶은지, 그리고 지금 어떤 마음인가를 알아주는 것이 먼저임을 알아야 한다.

[손녀가 징징 짜는 소리를 잘해요 짜증이 나서 미치겠습니다]
어느 날, 기질 강의를 하는데 할머니 한 분이 오셔서 듣고 계셨다.

필자는 이렇게 물었다.
"자녀를 다 키웠을 것인데 어떻게 오셨어요."

할머니는 이렇게 말했다.
"5살 되는 손녀를 키우고 있는데 어떻게 양육해야 될지 몰라서 왔습니다. 아이가 징징 짜면서 말을 하는데 짜증이 나서 미치겠습니다. 여기에 오면 아이들의 특성에 맞는 양육 방법을 가르쳐 준다기에 왔습니다."

필자는 "그렇군요. 참 잘 오셨습니다. 고맙습니다."라고 감사의 인사를 드렸다.

강의를 4주를 들은 후에 할머니는 이렇게 말씀하셨다.
"선생님! 마음이 편안해졌습니다. 손녀의 징징 짜는 소리에 대처하는 방법을 터득하고 나니 손녀가 얼마나 착해졌는지 모릅니다. 정말 감사합니다."

이때 형성된 비염은 성장하면서 후각 발달로 이어진다.
뛰어난 후각으로 훌륭한 요리사의 꿈으로 이어지기도 한다.
성인이 되어서는 감미로운 목소리와 중저음으로 사람의 마음을 편안하게 한다.
감미로운 목소리는 음악성과 연합이 되어 사람들에게 매력을 준다.
인기 있는 연예인이나 가수를 보면 콧소리가 나는 것을 쉽게 발견할 수 있다.
다재다능하며 천재성이 있는 이들을 비범한 아이로 키우려면 징징 짜는 소리를 들어주라.
그러면 아이는 내 마음을 알아주는 부모에게 감사해할 것이며 내 마음을 알아주는 사람에게 자신의 마음을 표현하게 된다.

다섯 번째, 부정적인 반응을 수용하라.

신중한 우울질은 깜짝 이벤트나 융통성이 있는 삶보다는 계획적이고 일관성이 있는 삶을 원한다.

갑작스럽게 질문을 하거나 계획을 말하면 무의식적으로 부정적인 말과 표정이 얼굴에 나타날 수 있음을 알아야 한다. 이때 기분이 나쁘거나 버릇이 없다고 생각하지 말라. 기질적 특성이라는 것을 알고 구체적으로 설명을 해주는 것이 좋다. 좋은 계획이라도 갑작스럽게 제시를 하면 이들은 순간적으로 문제점을 먼저 생각하게 되고, 시행을 할 경우에 자신이 희생해야 할 부분들이 자동적으로 재생이 된다. 그러므로 부정적인 첫 반응을 수용하고 차근차근 대화로 풀어가는 것이 좋다.

여섯 번째, 목소리로 마음을 배려하라.

우울질을 대할 때는 목소리의 크기까지 조절하라. 그렇지 않으면 그들은 예기치 않으 일로 마음이 상할지도 모른다. 특히 큰 목소리로 화를 내 거나 위협을 가하는 어투로 야단을 치면 주눅이 든다. 부모가 한 말을 부정적으로 또는 자기중심적으로 해석하여 힘들어할 수 있다.

필자를 찾아온 한 학생은 이렇게 말했다.
"저는 어릴 때부터 늘 불안했어요. 엄마 아빠가 큰 목소리로 싸울 때 나는 이렇게 생각했어요. '엄마 아빠가 이혼을 하면 나는 누구하고 살지,' 혼자 고민하고 있을 때 갑자기 큰방에서 엄마 아빠의 웃음소리가 들렸어요. 전 그제야 안심하고 잠자리에 들었어요."

신중한 우울질은 '예민하고, 독특하며 별난 사람'으로 보일 수도 있다. 하지만 이들이 예민하고 독특하고 별난 것은 자신에게 문제가 있기 때문이 아니라 태생적인 성향이라는 것을 이해하는 것이 중요하다.

이들을 향해 "넌 왜 그렇게 별나니."라고 하지 마라. 별난 것이 아니라 구별된 존재이다.

"넌 왜 그렇게 까다롭니."라고 말하지 마라. '정확하게' 하려는 것이다.

"넌 왜 그렇게 예민하니."라고 말하지 마라. '신중하게' 하려는 것이다.

분명히 알아두자

민감한 마음을 알아주면 이 기질만큼 아름다운 사람이 없다.

계획대로 잘하지, 공부도 알아서 하지, 정리정돈 잘하지, 약속 잘 지키지, 남에게 피해 주지 않으려고 노력하지, 알아서 척척하니 얼마나 좋은지 모른다.

2) 약속한 것은 반드시 지켜라

이들의 삶의 좌우명은 '올바르게 살자.'이다. 올바르게 살기 위해서 약속을 지켜야 한다. 모든 사람들에게 약속은 중요하지만 특히 우울질 자녀에게는 생명과 같은 것이다. 약속을 했다면 반드시 지켜라. 만약에 지키지 못할 상황이라면 일찍 말을 하든지 아니면 진지하게 사과를 하고 다음을 약속하라.

이들은 일관성이 없거나 약속이 변경이 될 때, 갑작스러운 일이 발생할 때, 스트레스를 받거나, 예민해지고, 불안해하고 마음이 상한다. 상한 마음을 적극적으로 표현하기보다는 가슴에 고통의 목록을 기록한 후 깊이 묻어둔다.

[선생님이 숙제 검사 안 해요]

중학교 2학년 아이의 이야기이다.

선생님이 숙제를 내어주었다. 그런데 다음날 선생님이 숙제 검사를 하지 않았다.

순간적으로 신중한 우울질은 '왜 숙제 검사를 안 하지, 숙제는 약속인데, 나는 약속을 지키기 위해서 영어와 수학 등 중요한 공부를 포기하고 숙제를 해왔는데,' 숙제 검사를 하지 않으니 속이 상했다.

그래서 선생님에게 이렇게 말했다.

"선생님, 숙제 검사 안 하세요?"

이때 선생님은 "아, 맞다. 깜박했네. 반장! 숙제를 거두어서 내 책상 위에 올려놔."라고 했다.

문제는 이제부터였다.

숙제를 해 오지 않은 몇몇 학생이 이렇게 말한다.

"그래, 너는 숙제 해 왔단 말이지, 야! 앞으로 이놈하고 밥을 같이 먹는 놈이 있으면 죽을 줄 알아." 그래서 왕따를 당했다.

우울질이 잘못한 것은 아무것도 없다.

단지 약속을 지키려고 했을 뿐이었다. 그런데 심각한 상처를 받았다.

약속할 때에는 다음과 같이 하라

첫 번째, 문자로 하지 말고 숫자로 하라.

약속은 문자로 하지 말고 숫자로 하라.

신중한 우울질과 약속을 할 때에는 문자보다는 숫자로 약속하라.

날짜와 시간을 정확하게 정하여 말을 하라. 이들은 정확한 것을 좋아하기에 숫자를 명확하게 말해 주는 것이 좋다.

우리는 흔히 이렇게 약속을 할 때가 많다.

"언제 한번 밥을 먹자, 내가 밥을 살게."

다른 기질에게는 '인제'라는 말을 크게 생각하지 않지만 우울질의 사람들에게 '언제'라는 단어는 중요하다.

부모가 '언제 한번 외식을 하자.'라고 하면 아이는 '언제 외식하자'는 말을 깊이 생각하고 기다린다. 기다리다가 자신이 생각한

날짜에 연락이 없으면 상처를 입게 된다. 다른 기질의 사람은 우울질의 사람이 이런 데서 상처받을 것이라고는 상상조차 하지 못한다.

누군가가 '언제 한번 밥 사줄게'라고 말을 하면 수첩을 내면서 이렇게 말해라.

"언제가 좋을까요? 날짜와 시간 그리고 식당을 지금 정하지요" 라고 하라." 그리고 중간에 식사 약속이 있다고 알려주는 것이 좋다.

엄마와 아들의 대화를 들어보자.

엄마 : 아들아! 냉장고에 있는 사과를 좀 가져오너라.

아들 : 엄마! 몇 개를 가져갈까요?

엄마 : 3~4개를 가져 오너라.

아들 : 3개야 4개야 정확하게 말해줘.

두 번째, 반드시 약속한 장소에 가라.

예를 들어보자. 온 가족이 외식을 하기로 하루 전에 약속을 하였다. 다음날 외식을 하기로 한 식당에 가는 중에 새로 생긴 식당이 보인다. 아빠가 좋아하는 음식이 있는 곳이었다. 그래서 약속한 식당이 아니라 갑자기 바뀌어서 새로 생긴 식당에 들어가게 된다면 아이에게 상처를 주는 행위이다. 아이는 약속이 중요하다. 아빠는 외식을 했고 약속을 지켰다고 생각할지 모르겠지만 아이는 약속을 지키지 않았다고 생각한다. 왜냐하면 그 장소가 아니었기 때문이다. 반드시 약속한 장소에 가야 함을 알아야 한다.

세 번째, 갑작스러운 변화가 있을 때에는 진지하게 사과를 하고 양해를 구하라.

이들은 약속이 갑작스럽게 변경되거나 일관성 없이 예측 불가능한 일이 생기는 것들을 힘들어한다. 거기에다 진지한 사과가 없으면 이들의 마음의 문은 서서히 닫히기 시작할 것이다.

3) 자신의 공간을 주라

이들은 태생적으로 내향성이기에 하루의 일과를 마치고 나면 에너지가 고갈이 된다. 고갈된 에너지를 충전하기 위해서 혼자서 조용하게 쉬고 싶어 한다. 종일 있었던 수많은 일들이 머리에 기억되어 있다. 특히 힘들었던 일이나 스트레스를 받은 기억들은 머릿속에 깊이 새겨져 있을 것이다. 여기저기에 기억되어 있는 기억들을 정리하고 싶어 한다. 그래서 이들에게 혼자 정리할 수 있는 공간이 필요하다.

우울질에게는 자신만의 공간을 가능하면 빨리 주는 것이 좋다.
잠은 같이 자더라도 자신의 공간을 만들어주라. 자신의 공간에서 생각할 수 있고 휴식을 취할 수 있고, 물건을 정리할 수도 있고, 혼자 자신만의 감정에 충실할 수 있는 공간이 필요하다.
우울질의 아이들은 하루 일과를 마치고는 이유 없이 샤워를 한다.

샤워를 하는 이유는 다양하지만 그중에 한 가지는 샤워를 하면서 자기만의 공간에서 오늘 있었던 일들을 정리하는 시간이며 휴식의 시간이라 할 수 있다.

[학교 가기 싫어요. 자퇴시켜주세요]

이 말은 고등학교 1학년 여학생을 둔 어머니가 필자에게 상담와서 한 말이다.

"아이가 학교에 안 가려고 하는데 어떻게 하면 좋을지 모르겠어요. 공부는 전교에서 10등 안에 들어가는데 학교를 안 다니려고 하는데 어떻게 하면 좋아요."

먼저 기질검사를 하였다.

기질은 신중한 우울질로 나왔다.

그래서 아이에게 다음과 같은 질문을 했다.

"학교에 가는 것이 많이 힘이 드니?"라고 하니 "아니에요."

"공부가 힘드니?"라고 물으니 이번에도 "아니에요."

"친구 관계가 힘드니?"라고 하니 여전히 "아니에요."

"선생님 관계에 힘든 일이 있니?"라고 하니 아니라고 했다.

나는 다시 물었다.

"그럼, 무엇이 가장 힘드니?"

학생은 이렇게 대답을 했다.

"기숙사 생활이 너무 힘들어요. 기숙사에 6명이 방을 함께 사용하고 있는데 아이들이 제 물건에 마음대로 손을 대서 힘들어요. 나만의 공간이 있었으면 좋겠어요."

이 학생이 힘들어하는 것은 여기에 있었다.

기숙사에는 자기만의 공간이 없다. 아이는 자기만의 계획으로 공부를 하고 일정을 세워야 마음이 편하다. 또 자신의 물건에 남들이 손대는 것을 싫어하는데 그 공간에서는 친구들이 생각 없이 자기의 물건에 손을 대고 미안한 마음도 갖지 않으니 마음이 힘들었던 것이었다. 친구들에게 이런 자신의 마음을 이야기하면 예민하고 성격이 이상하다고 말할까 봐 그동안 말도 못 했다고 했다.

그래서 이렇게 물었다.
"지금 가장 원하는 것이 무엇이에요?"
학생은 이렇게 대답을 했다.
"부모님이 원룸이라도 구해주셨으면 좋겠어요. 그런데 가정 형편이 어려워서 어머니에게 한 번도 말을 못 했어요."

학생을 잠시 상담실 밖으로 내보낸 후에 어머니에게 이렇게 말을 했다.
"어머니, 자녀가 힘들어하는 것은 자기만의 공간이 없어서입니다. 힘들어도 아이와 함께 원룸을 알아보세요. 그러면 이 아이는 마음에 감동을 받아서 변화가 일어날 것입니다.”

상담 후 이 어머니는 아이와 함께 원룸을 알아보기 시작했다.

그런데 경제적인 부분이 만만하치 않음을 아이는 깨닫게 되었고 자신의 마음을 알아주는 엄마에게 고마움과 미안함이 생겼다.

그래서 아이는 엄마에게 이렇게 말을 했다.

“엄마 한번 견뎌 볼게요, 내 마음 알아줘서 너무 고마워요.” 이후 학생은 고등학교 3년 동안 잘 견뎠고 우수한 성적으로 졸업을 했다.

이 기질의 특성을 알고 민감하고 예민한 마음을 알아주면 아무리 힘들어도 참고 견딜 수 있다. 이 기질이 힘들어하는 진짜 이유는 내 민감한 마음을 알아주는 한 사람이 없기 때문이다.

신중한 기질의 자녀를 양육하는 부모들은 '유별나다. 까다롭다. 예민하다. 부정적이다. 까칠하다.'고 생각할 수가 있다. 기질적 특성이라는 것을 깨닫고 양육하는 지혜를 배운다면 이 기질이 스스로 계획을 세워서 잘하고 있음에 놀랄 것이다.

4) 물건에 손을 대지 말라.

이들은 정리형의 사람들이다. 흐트러진 것이나 무질서한 것을 싫어하기에 깔끔하게 정리정돈을 잘한다. 자기 물건에 손대는 것을 굉장히 싫어하며 이들이 정리한 물건에 손을 대지 말라. 허락 없이 물건에 손을 대면 스트레스를 받는다. 이러한 일이 반복이 되면 마음의 문을 닫거나 방문을 잠그기도 한다. 이들의 성격에 문제가 있는 것이 아니라 기질 성향이기 때문이다. 그렇기에 배려해주는 지혜가 필요하다.

이들이 정리하는 방법은 다음과 같다.

첫 번째, 자기 방식대로 하고자 한다. 장난감도 크기별로 늘어놓고 옷도 색상과 종류에 따라 분류하여 언제나 깔끔하게 정리정돈을 한다.

두 번째, 매일 정리하는 사람도 있고, 자주 하지는 않지만 한번 하게 되면 천천히, 종일, 아주 깔끔하게 정리를 한다.

세 번째, 물건은 제 자리가 있다고 생각하며 정리를 한다.

정리를 잘한다고 하면 어머니들 가운데 이렇게 질문하는 분이 있다.

"선생님, 우리 아이는 정리 정돈을 잘 안 해요."

그때 이렇게 말한다.

"우울질은 정리정돈을 잘합니다. 만약에 우울질 자녀가 정리 정돈을 잘 안 한다면 3가지 이유일 가능성이 많습니다."

첫 번째는 정리하는 방식에 부모와 충돌이 일어났을 경우

두 번째는 자녀가 정리를 했는데 부모가 다시 정리를 했을 경우

세 번째는 자녀가 정리한 물건에 손을 대었을 경우

자녀들이 정리를 했는데 엄마가 다시 정리를 하는 일들이 반복적으로 일어나게 될 경우, 자녀는 '내가 어차피 정리를 해도 엄마가 다시 할 것인데 내가 굳이 정리를 해야 할 필요가 없다.'라고 생각하며 정리를 하지 않게 된다.

이 말을 들은 대부분의 어머니들은 이렇게 외칩니다.

"아하!"

['엄마 접근 금지' 내 방에 들어올 때는 꼭 허락받고 들어오세요]

이 말은 필자에게 교육을 받은 부모가 한 말이다.

초등학교 3학년인 아이가 자신의 책상을 정리하고 학교를 갔다. 그날 오전에 어머니는 자신이 출석하는 교회에서 열린 다니엘 학습법 세미나에 참석하였다. 강의를 듣는 중에 가슴에 와 닿는 말씀이 있었다. 자녀가 공부를 잘하려면 책상 위에는 책만 있어야 한다는 말이었다. 은혜를 받은 후 아이 방에 들어가 보니 책상 위에 정리가 되지 않은 채로 놓여 있었다. 그래서 어머니는 아이의 책상을 깔끔하게 치우고 어머니 방식대로 책을 중심으로 다시 정리를 했다. 아이가 학교에 다녀와서 어머니에게 막 짜증을 부렸다. 왜 자기의 물건에 손을 댔냐고 따지며 화를 내었다는 것이다.

여기에서 끝난 것이 아니었다.

다음 날 아침에 아이 방에 들어가려고 하는데 아이 방문에 '엄마 접근 금지'란 글이 적혀 있었다. '엄마 접근 금지'라는 글을 보면서 어이가 없어서 아들에게 화를 내며 훈계를 했다. 그리고 한 달 가까이 냉전 상태가 되었다.

어머니는 기질 공부를 하면서 내 아이가 성격적인 문제가 있어서 그런 것이 아니라 타고난 기질적 성향이구나라는 것을 깨닫게 되었다.

필자는 어머니에게 조심스럽게 물었다.
"혹시 책상 위에 같은 종류끼리 분류되어 있지는 않았는지요."

어머니는 무릎을 탁 치면서 말했다.
"그래요. 아이의 책상 위에 비슷한 종류별로 분류되어 있었어요."

필자는 "그렇습니다. 이 기질은 정리를 안 한 것처럼 보일 수도 있지만 자세히 보면 색깔별로, 크기별로, 종류별로 정리를 한 것입니다. 자신은 어떤 물건이 어디에 있는지 알지요. 그런데 엄마가 다시 정리를 하게 되면 그 물건을 찾지 못하게 됩니다. 그래서 스트레스를 받게 되는 것입니다."

만약에 필요한 물건을 찾다가 자녀의 물건에 손을 대었다면 "오늘 엄마가 이런 일로 인해서 너의 물건에 손을 대었단다. 혹시 마음이 살짝 상했다면 이해 바란다."라고 말을 하든지 아니면 쪽지 글로 적어서 아이가 볼 수 있도록 해 보세요. 아이는 감동을 받을 것입니다.

5) 계획과 일정은 미리 알려 줄 것

우울질은 자기 주도적인 성향이 강하다.

무엇을 하든지 자기가 결정하고 자신이 책임지고 자기방법으로 하고 싶어 한다. 그래서 이들에게는 계획과 일정이 중요하다. 계획을 세우는 일과 계획대로 진행하는 것을 중요하게 생각하는 사람들이다. 일이 자신이 계획을 세운 대로 진행이 되지 않으면 스트레스를 받는다.

어떤 사람들은 계획은 세우되 변화와 융통성 그리고 임기응변을 좋아하는 사람도 있지만, 우울질의 사람은 계획이 미리 나와야하고 계획을 세운 대로 진행이 될 때 마음이 편한 사람들이다. 계획이 미리 나오지 않으면 다음 계획을 세울 수가 없기에, 시간을 구체적이며 계획적으로 활용할 수 없기에 짜증이 날 수 있다. 이들에게 시간이란 생명과 같다고 생각하기에 시간을 낭비하는 것을 싫어한다. 그렇기에 계획을 미리 말해주는 것은 사랑이고 배려이다.

우울질 아이에게는 깜짝 이벤트보다는 계획과 일정을 미리 설명을 해주는 것이 유익하다. 계획을 변경해야 할 경우에는 진지하게 설명을 하고 동의를 구하는 것이 좋다.

[아빠, 언제가?]
이 말은 저자의 딸이 고등학교 1학년 때 한 말이다.
고등학교 1학년 5월에 아이에게 이런 말을 했다.
"이번 방학 때 너의 미래를 위해서 서울에 있는 대학교 탐방을 한 번 가자."

시간이 흘러 6월 중순쯤 되었을 때 딸에게서 전화가 왔다.

딸 : 아빠, 우리 언제 갈 거야?
아빠 : 뭐! 어디?
딸 : 방학 때 서울에 있는 대학교 탐방을 가기로 했잖아요.
아빠 : 그것을 지금 이야기해야 되니? 방학을 한 후에 결정하면 안 될까?
딸 : 아빠, 그 계획이 지금 나와야 다른 계획을 내가 세울 수 있어요.
아빠 : 그러면 8월 15일을 전후로 해서 가면 어떨까?
딸 : 그러면 8월 14~16일에 가요. 아빠! 고마워요.

난 속으로 생각했다.

'아따! 그 녀석 참 별나네. 그때 가서 알아보면 되는데 벌써부터 설치네.'

저자는 다혈질이라 장기적인 계획이 별로 없다.

그냥 순간적으로 임기응변과 뛰어난 적응력으로 살아간다. 그런데 딸아이는 신중형인 우울질이라 모든 계획이 일찍 나와야 마음이 편하다. 서로의 기질적 차이를 알고 나니 편하다. 상호존중이 되고 배려가 되기 때문이다.

6) 공평함으로 양육하라

매사에 공평함으로 자녀를 양육한다는 것은 쉬운 일은 아니다. 특히 형제들이 많을 때에는 더 그렇다. 부모는 공평하게 사랑을 하고 양육을 했지만, 아이들은 차별을 받았다고 생각하고 상처를 입는 경우가 많다.

첫째와 둘째의 공평은 다르다.

엄마가 공평하게 양육한다고 똑같이 용돈을 2만 원을 주면 안 된다. 큰아이에게 조금 더 주어야 한다. 이것이 큰아이가 생각하는 공평이다. 그리고 둘째는 수용한다. 하지만 똑같이 주게 되면 첫째 아이가 마음에 상처를 입을 수 있다.

또한 빵을 사 와서 엄마가 공평하게 반을 나누어주면 안 된다. 동생이 볼 때에는 공평한 것 같지만 첫째가 볼 때에는 차별일 수 있다.

그럼 어떻게 해야 하는가?

엄마가 나누어주는 것이 아니라 첫째 아이에게 주도권을 주어서 동생하고 나누어 먹으라고 해야 한다. 이러한 삶을 통하여 첫째는 리더십을 배우게 되고 둘째는 협상하는 능력을 배우게 된다.

우울질이 화가 났을 때에는 공평하지 않았을 가능성이 많다.

이들은 공평하지 않으면 불만이 쌓인다. 그런데 그 불만을 부모에게 표현하는 자녀가 있고 전혀 표현을 하지 않는 자녀도 있다. 왜냐하면, 이들의 감정은 내면으로 향하고 있기 때문에 마음 밖으로 잘 표현을 하지 않는다.

[이번에 반에서 5등 안에 들면 원하는 선물을 사 주겠다]

필자가 알고 있는 지인이 아들과 약속한 내용이다.

이번 학기에 반에서 5등 안에 들어가면 원하는 선물을 사주겠다. 물론 한계선은 있지만 가능하면 원하는 것을 사주겠다고 약속을 했다. 그리고 아들은 열심히 공부해서 보란 듯이 5등 안에 들었다. 부모는 약속대로 아들을 백화점에 데려가서 멋진 옷을 한 벌 사주었다. 그것을 보고 있던 동생이 자신도 사달라고 떼를 써서 엄마는 동생에게 형과 비슷한 수준의 옷을 사주었다.

이때 우울질 아들은 화가 났다.

이때부터 말도 없고 무엇인가 많이 못마땅한 표정이다. 그런데 무엇 때문에 화가 났는지 말을 하지 않는다. 어머니는 아이가 화가 난 것은 알겠는데 왜 화가 났는지 알 수 없었다. 그 가족은 서로 아무 말 없이 집으로 돌아왔고 아들은 한동안 엄마와 대화를 하지 않았다.

엄마는 아이에게 물었다.

"왜 화가 났느냐고?"

아이는 내가 화가 난 이유도 모르고 있는 엄마에게 더 화가 났다. '엄마라면 내가 왜 화가 났는지를 알아야 되지 않느냐? 내 표정을 보면서 읽어내고 내 마음을 위로해야 되지 않느냐'라고 생각하며 더 말을 하지 않는다.

엄마는 다그친다.

"네가 불만이 있으면 말을 해야 알지. 그래야 엄마가 고치지 않겠니."

아이는 할 수 없이 조심스럽게 말을 한다.

"엄마, 왜 동생에게 왜 옷을 사주셨어요?"

엄마는 첫째 아이가 화난 이유를 듣고서는 어이가 없다.

그래서 이렇게 말한다.

"엄마가 동생에게 옷을 사준 것 때문에 화가 난 거니? 너는 형이 되어서 왜 그 모양이니? 엄마가 동생에게 옷을 사 줄 수도 있잖아. 너 속이 그렇게 좁아서 앞으로 어떻게 이 험한 세상을 살아가냐."라고 혼을 내었다.

아이는 속으로 생각한다.

'내가 말을 해봐야 소용이 없다. 앞으로는 엄마하고는 말을 안 할 거야.' 그리고 말을 하지 않았다.

말을 하지 않고 있는 큰 아이에게 엄마는 이렇게 말한다.

"아들아! 내가 너와 약속을 했잖아. 그래서 너에게 약속을 지켰 잖아. 그러면 되었지 않느냐. 그리고 동생에게 옷을 사준 것은 너 와의 약속과는 별개의 문제이잖아."

아들은 엄마의 말을 들으면 들을수록 더 화가 난다.

왜 화가 나는 것일까? 공평하지 않았기 때문이다.

자신은 옷을 얻기 위해 노력을 했고, 노력의 대가로 옷을 얻었 지만 동생은 아무런 노력 없이 떼를 한 번 쓰고 옷을 얻었다. 있을 수 없는 일이 일어난 것이다.

우울질의 자녀를 키우는 부모들에게 흔히 일어나는 문제들이 다.

부모들은 이러한 일로 아이가 상처를 입은 줄은 꿈에도 모르는 경우가 많다. 물론 부모가 우울질이라면 조금 덜 할 수는 있다.

그럼 화가 나서 말문을 닫은 아이와 어떻게 대화를 해야 할 것 인가?

[화가 나서 말문을 닫은 아이와 대화하는 법]

첫 번째, 아이에게 왜 화가 났는지 질문을 하라.

신중한 우울질의 자녀가 화를 낼 때는 분명한 이유가 있을 것이다. 큰 목소리로 다그치지 말고 왜 화가 났는지를 진지하게 물어보라. 그리고 자녀가 왜 화가 났는지를 이야기할 때 하던 일을 중단하고 공감하며 들어주라.

두 번째, 진지하게 사과하라.

위의 예를 들자면 "엄마가 동생에게 옷을 사 준 것 때문에 화가 났구나. 엄마가 지금 생각해보니 네가 화가 날 만하겠네. 너는 옷을 얻기 위해 시간과 노력을 투자했는데, 동생은 아무 노력 없이 얻었으니까 불공평하겠네. 정말 미안해"라고 진심으로 사과하라. 진심으로 사과하면 쉽게 마음의 문을 열고 받아드린다. 그리고 신중한 우울질은 진심으로 사과하는지 건성으로 하는지 금방 알아차리는 능력이 있음을 알아야 한다.

세 번째, "엄마가 어떻게 했으면 좋겠니?'라고 질문을 하라.

이미 일은 진행이 되었고 다시 돌이킬 수 없는 상황이다. 그렇다면 이때 어떻게 해야 할까? 우울질 자녀에게 물어보라. "이미 일이 이렇게 진행이 되었고 엄마는 너의 마음을 아프게 했는데 지금 엄마가 어떻게 하면 좋겠니?" 스스로 상황을 분석하고 생각하게 해서 스스로 화를 가라앉히고 현실을 받아들이게끔 하는 질문화법이 좋다.

네 번째, 질문한 후에는 충분히 시간을 주고 기다려라.

자녀에게 의사 결정을 빨리하도록 너무 재촉하지 않아야 한다. 이들이 '신중한 사고형'이기에 삼사일언(三思一言)을 하는 사람이다. 무슨 말을 할 때 머릿속에 검토와 분석을 할 시간이 필요하다.

7) 질문을 자유롭게 할 수 있게 하라

신중한 우울질은 탐구형의 사람들이다.

탐구심이 강한 이들은 궁금한 것에 대해 알고 싶어 하는 호기심이 아주 강한 유형이다. 궁금한 것을 알지 못하면 답답해한다. 그래서 질문이 많다. 이들과 잘 지내려면 '왜?'라는 질문을 하면 잠시 일을 중단하고 아이에게 성의 있게 대답을 하는 것이 중요하다. 또 아이의 말에 동의하지 않거나 거절을 해야 할 때는 '왜' 그런지를 상세하고 구체적으로 설명을 해주어야 한다.

'왜'라는 질문에 수치를 주거나 무시를 하면 아이의 풍부한 상상력은 내면 깊은 곳으로 들어가 빛을 잃을 수도 있기에 마음껏 질문을 하게 하라. 이들에게는 '왜'라는 질문은 건강한 자아 정체성을 확립해 나갈 수 있는 핵심 단어다.

필자가 운영하는 상담소에 신중한 우울질 학생들이 어머니와 함께 많이 온다.

"어떻게 오셨어요."라고 질문을 하면 하면 대부분 부모는 이렇게 대답을 한다. "담임선생님으로부터 다음과 같은 내용의 전화를 받고 왔어요."

- 아이가 학교에 적응을 잘 못 하는 것 같아요.
- 아이가 너무 산만해요. 멍하게 앉아있어요.
- 무슨 생각하고 있는지 모르겠어요. 주의력 결핍 장애가 있는지 모르겠네요.
- 엉뚱한 질문을 많이 하고 생각하는 차원이 보통 애들하고 다른 것 같아요.

정신 신경과에 한번 가보라고 권해서 왔는데 정신 신경과를 가려니 아무리 생각해도 우리 아이가 그렇게 문제 있는 것 같지는 않은데 고민이 되어서 찾아오게 되었어요.

이들은 태생적으로 천재성을 갖고 있다.

밭에 감추어진 보화이다. 땅속에 온천수가 들어 있는 것처럼 너무나 많은 재능과 뛰어난 IQ와 영혼을 사랑하는 긍휼함을 갖고 있다. 천재성이 있는 이들을 비범한 사람으로 양육하려면 마음껏 질문을 하게 하고 독특한 사고에 제동을 걸지 말아야 한다. 이들은 평범한 것을 싫어하고 독특한 것을 좋아한다. 독특한 사고에 제동을 걸지 말고 마음껏 상상의 나래를 펼치게 하라. 마음껏 상상할 수 있게 하며 순수한 상상력에 상처를 주지 않는 자세가 필요하다. 이들로 인하여 과학과 발명 그리고 학문과 문화가 발달된다.

신중한 우울질 자녀를 양육하는 부모들에게 강력하게 권합니다.

- 아이가 질문을 했을 때는 하던 일도 중단하고 마음을 다하여 들어주라.
- 아이의 질문을 어리석은 질문이라 하지 말고 아주 창의적인 질문이라고 말하라.
- 어떤 질문이든 간에 진지하게 들어주고 함께 답을 찾아보라.
- 독특한 사고나 질문에 진심 어린 대화를 하라.
- 더 많은 질문을 할 수 있도록 하라.

[선생님께서 아이가 너무 산만다고 정신신경과에 한번 가보라고 하네요?]

이 말은 초등학교 2학년을 둔 어느 학부모가 필자를 찾아와서 한 말이다.

"학교에서 담임선생님으로부터 전화가 왔어요. 이 아이가 약간 산만하고 그냥 멍하게 앉아 있다가 갑자기 이상하거나 생뚱맞은 질문을 많이 해요. 주의력 결핍 장애가 있는지 집중을 잘 못해요. 무슨 생각을 하고 있는지 모르겠어요. 생각하는 차원이 보통 애들하고 다른 것 같다고 하네요. 아무래도 정신적으로 문제가 있는 것 같으니 정신 신경과에 한번 가보라고 했어요. 정신 신경과에 가려 하니 마음이 내키지 않아 고민하던 차에 친구의 소개로 왔어요."

필자는 "어머니는 아이에 대하여 어떻게 생각하세요."라고 물었다.

어머니는 "생각이 많은 것, 질문이 많은 것, 가끔 생뚱맞은 질문을 많이 하는 것은 맞아요. 하지만 산만한 것은 아닌 것 같은데... 선생님이 그렇게 말씀을 하시니까 걱정이 많이 되네요."

상담소에 와서 하는 행동을 살펴보니 먼저 책을 꺼내어서 읽었다. 그리고 또 두리번거리기도 하며 끊임없이 질문을 하였다. 호기심이 생기는 부분은 질문을 해야 직성이 풀리는 아이인 것 같았다. 상담이 진행이 되지 않아서 작은 화이트보드를 주면서 여기에 그림을 그리면서 놀 수 있겠느냐 라고 했을 때 소리 없이 놀았다.

기질검사를 해 보니 우울질로 나왔기에 어머니에게 이렇게 말을 해주었습니다.

"이 아이는 상상력이 풍부하고 질문이 참 많은 아이입니다. 그리고 수학이나 과학을 참 좋아하고 잘하는 유형입니다. 학교에서 선생님이 그렇게 말씀하신 것은 이 아이는 정해 놓은 답을 싫어하고 자신의 생각을 갖고 질문을 많이 했기 때문일 것입니다. 또한 수업 시간에 어떤 단어를 듣게 되면 상상의 세계로 빠져 듭니다. 예를 들어 선생님이 공룡의 종류에 대하여 강의를 한다고 가정을 해 봅시다. 아이는 갑자기 공룡에 대한 호기심이 생기며, 궁금해집니다. 이때 앉아 있는 모습이 멍하게 보일 수도 있을 것입니다. 또한 아이는 갑자기 공룡과 관계된 질문을 할 것입니다. 선생님 입장에서는 생뚱맞은 질문으로 생각할 가능성이 많습니다. 그래서 정신 신경과에 가보라고 했을 것입니다."

부모는 안도의 숨을 쉬면서 이렇게 말한다.
"그럼 담임선생님은 왜 아이를 정신신경과에 한번 가보라고 했을까요?"

필자는 "학교 선생님들은 대부분 규범형의 사람이 많습니다. 규칙을 중요하게 생각하고 조직과 윗사람의 말에는 순종을 하는 타입입니다. 정해진 답에 대하여 호기심을 갖고 질문을 하는 타입이 아닙니다. 그런데 탐구형의 아이들이 질문을 많이 하니까 이해가 잘 되지 않는 것이지요. 기질적 차이점이라 할 수 있겠지요. 여기에 참 잘 오셨습니다. 정신 신경과에 가면 아이의 타고 난 기질을 모르고 몇 가지 질문지를 검사한 이후에 ADHD 초기 증상이나 우울증 초기 증상으로 진단하여 약을 처방해 줄지도 모릅니다. 하지만 기질적 특성을 알게 되면 천재성이 있는 것을 발견하게 됩니다. 아이는 지극히 정상적입니다."

어머니에게 이렇게 말해주었다.
"호기심이 강하고 탐구적인 아이에게는 자신의 예민한 마음을 알아주는 한 사람이 필요합니다. 그 한 사람이 있으면 절대 엇길로 가지 않습니다. 이들이 엇길로 간다면 자신의 마음을 알아주는 한 사람이 없었기 때문입니다. 에디슨이나 아인슈타인 박사도 학교 부적응으로 힘들어할 때 그들의 마음을 알아주고 지지와 격려 그리고 신뢰를 지속적으로 보내준 한 사람이 있었습니다. 그 한 사람으로 말미암아 위대한 사람이 된 것입니다. 그들에게 한 사람은 어머니였습니다. 이 아이에게 어머니가 그 역할을 감당했으면 합니다. 어떤 질문을 하든지, 어떤 생각을 표현하든지 마음껏 상상의 나래를 펼칠 수 있도록 양육하세요."

8) 훈계할 때에는 선택권을 주라

우울질의 아이들은 자신이 잘못한 것은 본인이 더 잘 알고 있다. 자신의 잘못에 대하여 어느 정도의 벌을 받아야 할 것인가를 이미 생각하고 있다. 그 정도에 맞게 훈계를 하거나 벌을 주면 된다. 하지만 지나치게 벌을 주게 되면 아이들은 상처를 받게 된다. 그 상처는 가슴 깊이 새겨 놓으며 평생 기억한다.

훈계나 꾸짖기 전에 상황을 정확하게 파악하고 사랑하는 마음으로 훈계를 하는 것이 중요하다. 그리고 그 행위에 대하여 훈계를 해야지 존재를 훈계하면 자존감에 상처를 입게 된다.

〈사랑으로 훈계하는 방법〉

첫 번째, 오늘 무엇을 잘못했는지 글로 적어서 언제까지 가져오라고 하세요.

두 번째, 잘못을 적어오면 "엄마가 어떤 벌을 주었으면 좋겠니?"라고 선택권을 주세요.

세 번째, 선택권을 준 후엔 충분한 시간을 주고 느긋하게 기다려야 합니다. 조급하게 다그치면 아이는 마음을 닫아버립니다.

네 번째, 반드시 실행을 해야 한다.

[아내가 조용히 말했다. 여보! 오늘 딸이 교회를 안 왔어요]

이 말은 필자의 아내가 한 말이다.

주일 예배 후에 아내가 조용히 말했다. "여보! 오늘 딸이 교회를 안 왔어요."

필자는 아이가 교회 한번 안 온 것이 별문제 되겠느냐만은 필자가 목사이기에 화가 났다. 그래서 딸에게 전화를 했다.

필자 : (잔잔한 하게) 오늘 왜 교회에 나오질 않았어?

딸 : 어제 너무 늦게 잠을 자서 이제 일어났어요.

필자 : (순간 화가 났지만 마음의 안정을 취하고) 오늘 무엇을 잘못했는지를 종이에 적어라. 또 그 잘못에 대하여 아빠가 어떻게 했으면 좋겠는지를 적어 놓고 기다리고 있어.

집에 오니까 아이는 A4용지를 내밀었다. A4용지에는 이렇게 적혀 있었다. "아빠! 제가 목사의 딸로 태어나 20년을 살았는데 지금까지 주일을 지키지 않은 날이 없었어요. 오늘 처음으로 주일을 지키지 못했는데 이번에는 저를 용서해 주셨으면 좋겠습니다. 그래도 용서가 되지 않는다면 한 달 용돈을 조정해 주셨으면 합니다."

이 글을 읽는 순간 '아! 아이가 목사의 딸이 아니었다면 주일에 다른 일을 할 수도 있고 힘들고 피곤할 때는 푹 쉬고 늦잠이라도 자고 싶었을 텐데… 목사 딸이라는 이유 하나만으로 이렇게 살아야왔구나.' 하는 생각이 들어 마음이 아팠다.

9) 칭찬은 구체적으로 하라

칭찬은 귀로 먹는 보약이며 생명을 살리는 물과 같고 사람들에게 희망을 주는 언어이다. 칭찬은 용감하고 지혜로운 사람으로 만들고, 풍요로움을 갖게 하며 인간을 위대하게 만든다. 칭찬은 생명의 샘이요 사람들에게 기쁨과 긍지를 심어주며 행동을 변화시키며 삶의 원동력이다.

신중한 우울질도 칭찬을 좋아하지만 이렇게 생각을 하기도 한다.
- 칭찬받을 자격이 없는데 왜 칭찬을 할까?
- 나를 칭찬 하는 의미가 무엇일까?
- 나를 칭찬을 한 후에 무엇을 원할까?
- 칭찬을 그대로 받아들이지 못하고 칭찬하는 사람을 의심하거나 경계를 한다.

그 이유로는
첫째, 자신에 대한 기대치가 높기 때문에 잘했다라고 생각하지 않고 좀 더 잘했어야 한다고 생각하기 때문이다.
둘째, 잘한 것보다는 사소한 실수를 먼저 생각하여 자책을 많이 하기 때문이다.

셋째, 자신이 한 일은 당연한 것이라고 생각하기 때문이다.

우울질을 칭찬할 때는 구체적으로 해야 한다.

어느 날 사랑하는 딸이 너무 예쁘게 보였다.
"야! 오늘 정말 예쁘다."라고 했다.

딸의 첫마디가 "어디가 예뻐요."라고 물었다.
난 순간적으로 '타고난 기질은 숨길 수가 없구나.'라고 생각하며 당황했지만 순간적으로 이렇게 말했다. "머리핀이 예쁘고 너의 피부가 촉촉한 것이 정말 예쁘다."라고 했다.

딸은 자신이 머리핀을 구입한 배경을 신이 나서 설명을 했다.
난 적극적인 공감을 하면서 들어주었다.

자녀들은 부모로부터 칭찬을 받기를 원한다.
부모의 칭찬은 자녀들의 성장에 필수적인 자양분이다.
자녀들은 생각 없이 행동하는 것이 아니라 부모를 생각하면서 행동을 한다. 나의 행동이 부모에게는 어떻게 받아들여질까? 어떻게 하면 부모에게 칭찬을 받을까? 부모는 자녀 가운데 누구를 더 사랑할까? 나는 어떻게 받아들여지고 있을까를 생각하면서 행동한다. 그래서 자녀들의 행동을 자세히 관찰해 보면 일관성 있게 반복되는 행동 패턴을 발견하게 된다.

10) 다섯 단어는 절대로 사용하지 말라

우울질은 완벽을 추구하고자 하는 마음이 강하다.

완벽에 이르고자 하는 마음은 지지해 줄만 하다. 하지만 완벽주의가 되려는 마음을 지지할 수는 없다. 왜냐하면 인간은 완벽할 수가 없기 때문이다. 이들의 완벽을 추구하고자 하는 마음으로 인하여 세상의 질서가 잡히고, 사회가 밝아지고, 건강해진다. 하지만 완벽주의는 문제가 있음을 알아야 한다.

이들의 내면에는 다음과 같은 단어가 자동적으로 돌아간다.

- 제대로 하자
- 실수하지 말자
- 좀 더 잘하자
- 놀지 말자
- 최고가 되자

위의 다섯 단어는 다른 기질에게도 사용하면 안 되겠지만 신중한 우울질의 자녀들에게는 절대로 사용하지 말자. 왜냐하면 내면에 자동으로 재생되고 있기 때문이다.

첫 번째 : "제대로 해라"

이들의 내면에는 무엇을 하든지 제대로 하고자 하는 욕구가 강하다. 대충하는 것은 스스로 용서가 잘 안 된다. 끊임없이 자신에게 '제대로 해야 한다.'라고 메시지를 보내고 다짐을 한다.

이러한 아이에게 부모가 이렇게 말한다고 생각해보자.
'무엇을 해도 제대로 해라.'
'하나를 하더라도 제대로 해라.'
'네가 제대로 하는 것이 무엇이 있느냐?'

이 말은 무능한 사람으로 낙인을 찍게 된다.
'너는, 네가' 라는 말은 '나는'으로 바뀐다.
'넌 왜 그래.' 가 '난 원래 그래.'라고 바뀐다.
"너는 어떻게 제대로 하는 것이 하나도 없냐."라는 말은 "나는 제대로 하는 것이 하나도 없다."라는 말로 내면화된다.
"넌 그래서 아직 안 되는 거야."라는 말은 "난 역시 안 돼."라고 정체화 한다.

이렇게 바꾸어서 말해보자.
"아들아! 네가 모든 일에 제대로 하면 좋겠지만 인간이기 때문에 제대로 하려고 아무리 노력해도 안 되는 것이 있단다. 최선을 다했다면 감사하자. 아빠는 네가 최선을 다하는 모습이 너무 아름답단다."

두 번째 : "실수하지 마라"

신중한 우울질은 자신의 작은 실수도 힘들어한다.

이들의 내면은 이런 생각들로 가득 차 있다.

'실수하지 말자. 실수하면 실패자가 되는 거야. 실수는 한번으로 족하다. 실수를 반복하면 패배자가 되는 거야.'

이들에게 부모 및 중요한 타인이 이런 말을 한다고 해보자.

'실수는 한번으로 족해.'

'또, 또, 또, 실수했어, 넌 어떻게 하는 일마다 그 모양이니?'

'네가 하는 것이 뭐 그렇지.'

'너는 실수를 밥먹듯이 하느냐.'

'너는 또 엄마를 실망시킬 거야.'

'넌 그래서 안 되는 거야.'

'이번 실수는 봐주는데 다음부터 실수를 하면 용서를 하지 않을 거야'

'다른 사람이 볼 수 있는 실수를 결코 해서는 안 된다'

'만약 실수를 한다면 사람들이 비웃을 것이며 넌 실패자가 되는 거야.

이런 말은 이렇게 내면화된다.

'난 실수 덩어리야'

'난 제대로 하는 것이 없어.'

'또 실수할 것 같아서 아무것도 할 수 없어.'

'내가 하는 것이 다 그렇지.'

우울질의 사람들은 자신의 작은 실수에도 자기를 끊임없이 비하하거나 자책한다. 심지어 자신을 학대하고 절망하고 자기 파괴로 이어지기도 한다. 자아상은 심각한 상처를 입게 된다.

이렇게 말해 보자.

"네가 실수하는 것은 인간이기 때문에 한 거야. 네가 신이라면 실수를 하지 않았을 거야. 난 네가 인간이라는 것이 너무 기쁘단다."

"실수를 하지 않으면 좋았겠지만, 최선을 다했다면 감사하고 수용하자. 실수를 했다는 것은 네가 무엇인가를 용감하게 도전했다는 것을 의미하는 거야. 실수하지 않고 배울 수 있는 것은 아무것도 없단다."

"실수는 패배를 의미하는 것이 아니라 새로운 방법으로 해야 한다는 것을 가르쳐주는 것이야. 실수를 통해서 성장하는 거야."

딸이 중학교 1학년 때였다.
점심을 먹는 중에 음식을 흘리게 되었다.
아빠 : 왜 음식을 흘렸는지 아니?
딸 : 조심을 하지 않아서 흘렸어요.
아빠 : 아빠가 볼 때 조심을 하던데...

딸 : 제가 더 조심을 해야 하는데...

아빠 : 공주님! 아무리 조심을 해도 흘릴 수 있단다. 네가 왜 음식을 흘렸느냐 하면 인간이기 때문에 흘린 것이란다. 난 네가 인간이라는 것은 너무 좋단다.

세 번째 : "놀지 마라"

신중한 우울질의 사람들은 시간을 중요하게 생각한다. 계획과 약속을 중요하게 여기고 시간을 낭비하는 것을 스스로 수용하지 못하고 심하게 자책하기도 한다.

이들은 시간에 대하여 이렇게 생각한다.

'시간은 생명이다. 시간을 낭비하는 것은 생명을 낭비하는 것이요 가장 어리석은 사람이다. 생명은 시간으로 구성되어 있다. 성공하기 위해서는 시간을 창조적으로 활용을 해야 한다. 놀면 안 된다. 놀면 실패자가 된다.'

부모는 이렇게 말한다면 어떻게 될까?

'놀지 마라!'

'노는 시간이 있으면 영어 단어 하나를 더 외워라.'

'지금 네가 어느 시기인데 놀고 있느냐'

'지금 놀면 먼 훗날 개고생한다.'

'너는 생각이 있는 아이가 없는 아이니? 놀 시간이 있으면 공부를 해라.'

위의 말은 다 맞는 말이다.

하지만 신중한 우울질이 이런 말을 많이 듣고 자랐다면 어떠할까?

놀 때마다, 자신이 쾌락을 느낄 때, 시간을 약간이라도 허비할 때, 피곤하여 휴식을 취할 때마다 죄책감을 느낄 가능성이 많다. 죄책감은 양심을 발달시켜주는 에너지이지만 예민한 양심에서 오는 잘못된 죄책감, 부모와 사회적 암시를 어겨서 오는 기능적이며 잘못된 죄책감은 불안과 두려움을 가중시킨다.

네 번째 : "좀 더"

이들은 스스로 만족이 안 된다.

본인이 90점을 받아왔어도 이렇게 말한다.

"어제 TV를 보지 않고 조금만 더 공부를 했더라면 100점 맞을 수 있었을 텐데…."

100점을 받으면 이렇게 말한다.

"앞으로 계속 쭉 가는 거야."

자신에게 '조금만 더 하면'이라고 끊임없이 몰아붙이는 사람들이다.

그런데 부모가 이렇게 말한다고 생각해보자.

'좀 더…'

'조금만 더…'

'이번에는 운이 좋아서 그런 거야'

'이번에는 시험이 쉬워서 그런 거야'
'잠깐이라도 긴장의 끈을 늦추면 안 된다. 좀 더'

자녀들은 부모의 칭찬을 원한다.
그런데 칭찬은 해주지 않고 좀 더 잘하라고만 하면 어떻게 하란 말인가?

좀 더 라는 말을 이렇게 바꾸어보자.
"좀 더 잘하면 좋겠지만 최선을 다했다면 감사하자."

다섯 번째 : "최고가 되라."

이 기질의 자녀들은 누가 말을 하지 않아도 스스로 최고가 되려고 노력을 한다. 노력을 하다가 안 될 때에 포기하기도 한다. 하지만 최고가 되고 싶은 마음은 간절하다. 늘 발꿈치를 들고 높은 곳에 올라가려고 애를 쓰는 사람과 같다. 자녀들에게 최고가 되라는 말보다는 최선을 다하라고 말해주는 것이 훨씬 더 효과적임을 알아야 한다.

이렇게 말해보자.
"최고가 되면 좋겠지만 최고가 되지 않아도 작은 일에 감사하는 사람이 되었으면 좋겠다. 작은 성취에 행복감을 느끼는 사람이 되었으면 좋겠다. 감사하는 사람이 되고 작은 일에 희열을 느끼는 사람이 되면 더 좋겠다."

다섯 단어로 인하여 신중한 우울질은 많은 분야에서 성공을 한다. 끊임없이 자기관리를 하며 성공을 향하여 도전을 할 것이다. 남들보다 더 빨리 높은 위치에 올라가며 모든 면에 뛰어날 수 있다. 하지만 내면은 다음과 같은 마음으로 인하여 힘들어 할 수 있다.

- 성공을 많이 하지만 성취감을 느끼지 못한다.
- 성공 같으나 실패의 삶을 살 가능성이 많다.
- 작은 실수에도 심하게 자책을 한다.
- 제대로 하지 못한 자신을 심하게 비하한다.
- 놀면서 허비한 시간에 대하여 죄책감을 느낄 수 있다.
- 최고가 되지 않으면 실패자라고 생각하기도 한다.
- 무엇인가를 꼭 해야 한다는 불안과 두려움의 지배를 받는다.
- 잘해야 한다는 초조와 긴장감으로 강박적 사고와 행동의 지배를 받기도 한다.
- 자기 비하, 자기 정죄, 자기 고문, 자기 파괴에까지 갈 수 있다.
- 미래에 대한 불확실성으로 고민을 심하게 한다.
- 쉽게 우울의 늪에 빠지기도 한다.
- 무책임하거나 흥청망청으로 자신을 망가뜨리기도 한다.
- 타인의 등을 쳐 먹는 사람이 되기도 하고 위장 자살로 위협하기도 한다.
- 의심이 많고 오해를 할 가능성이 많다.
- 자기를 멸시하는 태도와 잘못된 죄책감을 느낀다.
- 자기 용납과 수용을 잘 못 한다.

- 경직되고 욕구 불만이 많아진다.
- 잘하지 못할 바에는 미루는 습관을 갖게 된다.
- 자신을 특별한 존재라고 생각하고 평범한 것을 경멸하는 경향을 가질 수 있다.
- 더 큰 성공에 집착하려고 한다.
- 자신감 상실로 이어진다.

신중한 우울질은 누가 말을 하지 않아도 다섯 단어가 내면에 새겨져 있다. 그렇기에 다섯 단어는 간혹 한 번씩 하라. 가능하면 자동적인 다섯 단어보다는 새로운 다섯 단어를 사용하라.
- 있는 모습 그대로 수용하라.
- 민감한 마음을 알아주라
- 구체적인 칭찬을 하라.
- 마음을 나누는 대화를 많이 하라.
- 작은 일에 감사함을 나누어라.

11) 많은 친구보다 친한 친구를 사귀게 하라

인간의 삶에서 관계는 중요하다.

관계를 맺음에 있어서도 외향성으로 맺는 사람이 있고 내향성으로 맺는 사람이 있다. 신중한 우울질은 전형적인 내향성으로 인간관계를 맺어야 한다. 많은 친구을 다양하게 사귀는 것도 좋지만 친한 친구, 깊은 마음을 나눌 수 있는 소수의 친구와 관계를 맺는 것이 더 좋다는 뜻이다.

[친구를 잘 사귀고 싶은데 안 되네요]

자신은 왜 친구를 많이 못 사귀는지, 왜 잘 안되는지를 심각하게 고민하여 우울증까지 겪게 된 고등학생이 필자를 찾아와서 한 말이다.

학생 : 친구를 많이 사귀고 싶은데 잘 안 돼요. 다른 사람들은 친구를 쉽게 사귀는데 저는 잘 안 돼요. 사람을 쉽게 사귀는 친구들을 보면 부러워요. 나는 왜 친구들을 잘 못 사귀는 걸까요?

필자 : (기질을 검사한 이후)학생의 기질은 신중한 우울질입니다. 태생적으로 내향성이네요. 꼼꼼하고 정확하고 신중하네요. 학생은 많은 사람을 사귀려고 하지 말고, 소수이지만 마음을 깊이 나눌 수 있는 친구를 사귀는 것이 좋을 듯합니다.

학생 : 어떻게 하면 될까요?

필자 : 학생이 꽃이 되면 돼요. 나비가 되지 말고 꽃이 되면 멋있고 마음에 드는 친한 친구를 사귈 수 있을 것 같아요. 학생은 나비가 아니고 꽃이네요. 꽃이 향기를 피우면 나비가 날라 오지요. 나에게 다가오는 나비를 선택하면 될 것 같아요. 친구를 사귀기 위해서 너무 많은 사람에게 다가가지 말라는 뜻이에요.”

학생 : 어떤 꽃을 피워야 할까요?

필자 : 학생은 재능이 많아요. 자신이 하고 싶은 일에 작품을 만들어 꽃을 피우세요. 그러면 꽃에서 향기가 나요. 그 향기를 맡게 되면 나비는 오게 되어 있어요. 학생이 좋아하고 잘하는 분야에 최선을 다한다면 됩니다. 그리고 세월이 가면 또 다른 꽃을 피우

게 될 것입니다.

[사회성이 떨어지면 어떻게 해요]

어머니가 고등학교 1학년 다니는 아들과 함께 와서 한 말이다.

어머니 : 아이가 학교를 안 가려고 해요. 아이는 검정고시를 치고 싶어 하는데 어떻게 하면 좋을까요?

상담자 : (충분한 대화와 기질검사를 한 후)공부는 어느 정도 합니까?"

어머니 : 중, 상위권에 있습니다.

상담자 : 자신이 계획을 세우면 계획대로 실행을 하는가요?

어머니 : 아이는 약속을 하면 반드시 지켜요. 계획을 세우면 실행을 해요.

상담자 : 어머니! 아이는 검정고시를 통해서 대학을 일찍 보내는 것도 괜찮을 것 같아요(신중한 우울질의 성격에 대하여 설명을 해주었다).

어머니 : 검정고시를 치면 사회성이 떨어지지 않을까요? 저도 검정고시를 생각해 봤는데 혹시나 사회성이 떨어질까 걱정이 되어 결정을 못 하고 있었어요.

상담자 : 어머니! 애는 내향성이기 때문에 많은 친구를 원하지 않습니다. 혼자 있는 것을 좋아하고 한두 명의 친구를 깊이 사귀는 기질입니다. 아무 걱정하지 말고 검정고시를 보게 하는 것도 괜찮습니다.

12) 가능하면 고학년 때는 전학을 시키지 말라

부모들 가운데 아이들이 중학교 진학할 때가 되면 학군이 좋은 곳으로 전학을 시키는 부모들이 있다. 고학년일 때는 가능하면 전학을 가지 말라. 이들은 태생적으로 내향성이라 바뀐 환경이나 새로운 친구를 사귀는 것을 힘들어하며 익숙한 환경을 좋아한다. 이들이 초등학교 6학년 때 전학을 가서 중학교에 진학하게 되면 다른 아이들은 같은 학교에서 올라왔기에 친구들이 있지만 자신은 친구가 없다. 그렇다고 해서 적극적으로 친구들에게 다가가는 스타일도 아니다. 그래서 혼자 외톨이가 될 가능성이 있다. 만약에 전학을 원한다면 아이에게 의사를 물어보라. 그리고 충분히 마음을 읽어주고 공감하고 고마움을 표시하라.

[중학교 1학년 학생이 학교 부적응으로 인해 상담을 왔다]

부모가 좋은 중학교로 보내기 위해 초등학교 6학년 때 이사를 하게 되었다. 사교성이 약한 아이는 정이든 친구들과 헤어진 후에 새로운 학교에 와서 친구를 잘 못 사귀었다. 반 친구들과 함께 친하게 잘 지내면 좋겠는데 내향성이 강하다 보니 쉬운 일은 아니었다.

아이는 주말을 손꼽아 기다렸다.

주말이 되면 초등학교 때 친한 친구들을 만나서 행복한 시간을 보내었지만, 그것도 잠시였다. 그 이유는 1~2달이 지나고 나니 친한 친구들은 자신들의 학교에서 적응하여 생활하는 모습을 보왔기 때문이다. 이 학생은 그 모습을 보면서 스스로 자신을 탓하며 점점 외톨이가 되어갔다.

13) 아이와 단둘만의 시간을 가져라

부모와 단둘만의 시간을 보내는 것을 원한다.

아이들은 자신을 위해 희생을 하고 시간을 투자하고 놀아준 부모를 영원히 잊지 못할 것이다.

우울질의 사람들은 어릴 때부터 부모와 함께 놀이하는 것을 좋아한다.

책을 읽고 함께 나눔을 갖거나 의미 있는 대화를 나누는 것을 좋아한다. 또한 아름다운 자연을 벗 삼아 산책하는 것을 좋아한다. 머리형에 속한 유형이라 하루 종일 있었던 일이 기억의 파편으로 머리에 박혀 있다. 기억의 파편들을 정리할 시간이 필요하다.

흙을 밟으며 자연을 친구 삼아 엄마와 단둘이 손을 잡고 산책하는 것이 좋다. 가능하면 자연 속으로 가서 엄마와 단둘이 손을 잡고 걷는 것을 비롯하여 동물원이나 식물원을 방문하여 함께 추억을 시간을 만드는 것도 좋다. 그리고 방문 후에는 오늘 어떤 느낌이 들었는지, 어떤 동물을 볼 때 기분이 어떠하였는지 등의 다양한 질문으로 나눔을 갖는 것도 좋다.

[아이가 학교에서 너무 많은 스트레스를 받아요. 어떻게 해요]

초등학교 4학년을 둔 부모가 필자를 찾아와서 한 말이다.

"우리 아이가 학교에서 스트레스를 너무 많이 받아요. 특히 조별 모임을 통하여 활동을 할 때 스트레스를 많이 받는 것 같아요. 아이가 잘못한 것도 없는데 따돌림을 받는 느낌을 받는 것 같아요. 선생님께 말을 했는데도 조원들의 말을 다 들은 후에 심각하게 생각하지 않고 그냥 넘어가는 것 같아요. 그런데 우리 아이는 너무 힘들어해요. 학교에서 적응은 잘하는데 조별 모임을 힘들어하네요."

아이의 기질을 검사하니까 신중한 우울질로 나왔다.

어머니에게 신중한 우울질의 성향을 설명을 한 이후에 이렇게 말했다.

"아이가 학교에서 오면 아이의 손을 잡고 산책을 해 보세요. 둘만의 시간을 가지면서 대화를 나누어보세요. 아이는 엄마와 대화를 하면서 스스로의 문제를 해결할 지혜를 얻게 될 것입니다."

필자의 말을 들은 부모는 아이와 함께 산책을 하면서 많은 대화를 나누었습니다. 그리고 전화가 왔습니다. "우리 아이가 너무 밝아지고 평안해졌어요. 그리고 조별 모임에도 잘 적용하고 아이들과도 잘 지내고 있습니다. 감사합니다."

14) 상처를 보듬어 주라

상처를 쉽게 받고 오래 간다. 상처를 받으면 가슴 속에 고통의 목록을 기록하고 닫아버린다. 그리고는 상처를 받지 않은 것처럼 행동을 한다. 참을 수 없을 때가 되면 상처는 내면으로 들어가서 우울한 감정으로 자신을 괴롭히든지 아니면 상처를 준 사람에게 복수심을 갖기도 한다.

이들의 내면에 쌓여 있는 상처를 보듬어 주는 삶이 필요하다. 상처를 스스로 치유하는 방법을 배우고, 용서하는 삶을 훈련할 때 새로운 빛이 자신과 미래를 밝게 비취게 된다. 천재성과 다양한 재능들이 용서하지 못하는 마음과 복수심으로 빛을 보지 못하고 불행한 생을 살아가는 사람도 있다.

상처를 받으면 다음과 같은 증상이 나타날 수 있다.

첫째, 꿈이 없는 사람이 됨

[우리 아이는 꿈이 없어요. 하고 싶은 것이 아무것도 없다는데 어떻게 해요?]

"선생님! 아이가 공부도 안 하고, 하고 싶은 것도 없고, 꿈도 없다고 하네요. 그냥 멍하게 앉아 있는 것 같아요. 답답해서 미치겠습니다. 어떻게 도와주어야 할지 모르겠습니다."

이 말은 필자가 운영하는 상담소에 중학교 2학년 남자아이를 데리고 온 어머니의 말이다.

필자 : 언제부터 꿈이 없었어요.

어머니 : 중학교 1학년 4월 때부터 꿈도 없고 하고 싶은 것이 없다고 하네요.

필자 : 그전까지는 꿈이 무엇이었어요.

어머니 : 축구 선수였어요. 축구를 잘해요. 학교에서도 적극적으로 축구부가 있는 학교로 보내라고 했어요?

필자 : 그런데 왜 축구부가 있는 중학교를 보내지 않았나요.

어머니 : 아빠가 아들에게 이렇게 말했어요. 아들아! 축구로 성공하기란 어렵다. 지금까지 축구를 열심히 했으니까 이제 중학생이 되었으니 공부를 열심히 하라고 했어요. 아이는 축구를 하고 싶다고 몇 번 말을 하다가 아빠가 강하게 나오니까 포기를 하고 일반 중학교로 진학을 했습니다. 일반 중학교로 진학한 후에 삶에 의욕도 없고 공부도 안 하고 아무것도 하기 싫다고 하네요.

필자 : (기질을 검사해보니 우울질이 강한 유형으로 나왔다) 축구를 좀 하게 해 주시지요. 아이는 자신이 하고 있는 축구를 꿈으로 생각하고 열심히 했는데 갑자기 아빠에게 거절을 당하여 꿈이 깨어졌어요. 아픔이 내면으로 들어가 무기력해진 것 같아요.

어머니 : 그러면 본인이 정말 하고 싶다면 아빠의 반대에도 끝까지 주장을 해야지 주장을 강하게 하지 않으니 부모 뜻에 순종하는 줄 알았습니다.

필자 : 이 기질의 성향은 남에게 폐를 끼치는 것을 싫어하며 자신의 주장을 겉으로 강하게 표현하기보다는 부모님이 나를 사

랑한다면 내 마음을 알아줄 것이라 생각합니다. 그래도 한 두 번은 주장하는데 거절을 당하면 다른 것을 부탁해도 거절당할 것 같아서 주장을 잘 못 합니다. 이들은 거절당하는 것을 정말 두려워합니다. 지금이라도 이 아이를 위한다면 축구를 시킬 수 있는 다른 방법이 있는지 진지하게 알아봐 주세요. 그리고 진지하게 사과하고 용서를 구하고 마음을 알아주는 것이 중요합니다.

어머니 : 진지하게 사과를 하면 애가 꿈을 가질까요?

필자 : 이들의 민감하고 예민한 마음을 알아주는 사람이 한 명만 있어도 어긋난 길로 가지 않습니다. 이들이 상처 입는 진정한 이유는 자신의 예민한 마음을 알아주는 한 명의 사람이 없기 때문입니다. 진지하게 사과를 하면 아빠의 마음을 받아드릴 것입니다. 건성으로 사과를 하면 아이는 더 큰 상처를 받습니다. 아이는 아버지가 진심으로 하는지 아니면 건성으로 하는지 알아차리는 능력을 갖고 있습니다.

둘째, 등교를 거부함

필자의 상담소에 찾아오는 사람들 가운데 "학교 가기 싫어요.", "자퇴를 시켜주세요.", "검정고시를 치고 싶어요."라는 자녀를 데리고 오는 부모가 많다.

학교 등교를 거부하는 것도 기질별로 다르다.

담즙질의 아이들이 등교를 거부하는 이유는 세력권에서 밀렸을 때나 자존심이 심각하게 손상되었을 때가 많았으며, 다혈질은 재미가 없을 때였고 우울질은 학교에서 상처를 입었거나 가야할 의미와 가치를 모를 때였다.

등교를 거부할 때 담즙질이나 다혈질은 반드시 학교로 보내라고 한다. 그러나 우울질일 때는 한 가지 물어본다. 아이가 자기 주도적으로 계획을 세워서 시간을 잘 관리하고 있는지, 공부도 어느 정도 하는지를 확인한 후에 가능하면 학교로 보내는 것이 좋겠지만 검정고시를 많이 권하기도 한다. 단, 학생이 스스로 결정하게 하고 책임까지 지게 한다.

대부분의 부모는 이렇게 질문을 한다.

"아이의 사회성에 문제가 되지 않을까요. 이것이 걱정됩니다."

이렇게 말한다.

"이 아이는 내향성입니다. 많은 사람을 사귀기보다는 소수의 친구를 깊이 사귀는 타입입니다. 친한 친구 1~2명만 있어도 됩니다. 아이에게 선택권을 줘서 결정하게 하고 책임감도 같이 주는 것이 좋을듯합니다."

셋째, 죽음을 생각함

이들 중에는 자살 고위험군으로 분류되거나 우울증 지수가 높은 상태로 상담소를 방문하는 이들이 많다. 정상임에도 불구하고 우울증과 자살에 대한 체크리스트를 작성해보면 우울증 초기 증상이나 자살 지수가 높아서 담임선생님이나 부모를 당황하게 하는 경우가 많다.

기질의 특성을 알면 쉽게 이해될 수 있다. 이들은 타고난 완벽을 추구하는 성향을 갖고 있으며 부정적이고 비판적이며 어두운 감정을 갖고 있는 유형이다. 또한 자신과 타인에 대한 기대치가 높아서 무엇을 해도 만족감이 없고 늘 자신을 비하하고 정죄하고 고문하며 심지어 자기 파괴에 이르기까지 한다. 이 기질의 자녀들이 문제가 있어서가 아니라 타고난 씨앗의 성향이라는 것을 알고 양육하는 것이 중요하다.

넷째, 은둔 생활을 함

자신의 방을 돼지우리처럼 만들어 놓고 자기 방문을 잠그고 밖으로 나오지 않는 경우도 있다. 심할 땐 부모에게 욕을 하면서 대들기도 한다. 방은 자신의 내면의 상태를 나타낸다. 내가 이렇게 힘이 든다. 나의 이러한 마음을 알아주세요. 라는 간접적인 표현이다.

다섯째, 자신의 삶을 포기하며, 흥청망청, 무책임하며, 심지어 위장자살을 시도하는 경우도 있다.

15) 감사의 삶을 훈련하라

다른 기질은 '감사합니다.'라는 말을 잘한다. 그러나 우울질은 '감사합니다.'라는 말이 잘 나오질 않는다. 그 이유는 자신과 타인에 대한 기대치가 너무 높아서 더 많은 것을 요구하고 더 완벽한 것을 추구하기 때문이다. 또한 무엇을 해도 좀 더 잘하지 못한 것에 대한 질책이나 작은 실수에 자신을 자책하는 유형이다. 만약에 우울질이 감사하다는 말을 하게 된다면 인생이 바뀌고 미래가 바뀐다는 것을 기억하라.

이들은 감사함에 있어서도 완벽한 것을 찾으려고 한다.
필자의 딸은 우울질이고 아들은 다혈질이다. 두 아이에게 부모에게 감사한 것 50가지를 적어보라고 했다. 조금 후에 딸이 "20개로 하면 안 될까요."라고 했다. 딸아이는 20가지를 적는 데도 힘들어 했다. 그런데 아들은 5분도 안 되어 감사한 것 50가지를 적어서 가져왔다. 감사 내용을 보니 너무 단순했다. 머리카락 있게 태어나게 해줘서 감사, 손가락 10개 감사, 손톱 10개 감사, 발가락 10개 감사, 발톱 감사, 발목 감사, 손목 감사, 치아가 있음을 감사 등 정말 단순하고 순수하게 적었다. 딸은 동생이 적은 것을 보고 이렇게 살면 참 좋겠다. 그런데 나는 왜 안 될까? 라며 고민에 빠졌다.

'감사합니다.'는 하나님의 뜻이다.
범사에 감사하는 삶은 하나님의 뜻이다(살전 5:18).

'감사합니다.'는 가장 가치 있는 말이다.
하나님의 지으신 모든 것이 선하시매 감사함으로 받으면 버릴 것이 없느니라(딤전 4:4).

'감사합니다.'는 기적을 일으킨다.

물고기 2마리와 보리떡 5개로 감사기도를 했을 때 5,000명이 먹고 12광주리가 남았다.

'감사합니다.'는 최고의 겸손이다.

누군가가 나에게 칭찬을 했다고 가정을 해보자. 나는 칭찬을 받을 자격이 없는데 칭찬을 해 주니까 고맙고 감사할 일이다. 그때 감사합니다. 라고 하면 된다. 우울질은 누군가로부터 선물을 받으며 꼭 갚아야 한다는 신념을 갖고 있다. 빚지고는 못사는 사람이라고 할까? 그래서 이들은 하나님의 은혜를 공짜로 누리지 못하는 경향이 있다. 그냥 하나님의 은혜도 공짜로 느껴 보는 삶이 필요하다.

'감사합니다.'라는 말은 인생을 바꾼다.

우울질이 '감사합니다.'라는 말이 입에서 나오는 순간부터 인생이 풍요롭게 변한다. 다혈질에게 '감사한 것'을 찾는 일은 어렵지 않다. 하지만 우울질에게 '감사한 것'을 찾기란 쉬운 일이 아니다. 왜냐하면 완벽하게 감사한 것을 찾으려고 하기 때문이다. 우울질이 어릴 때부터 감사함을 공부하고 입술로 고백하는 훈련을 했을 때 이들의 삶은 모든 사람들에 풍요로움을 줄 수 있는 위대한 사람으로 성장할 것이다.

'감사합니다.'라는 말은 행복 그 자체이다.

유대인의 지혜인 탈무드에는 "세상에서 가장 행복한 사람은 감사하는 사람이다."라고 했다. 그러므로 사람이 얼마나 행복하냐는 그의 감사함의 깊이와 밀접한 관계가 있음을 알아야 한다.

16) 기대치를 낮추는 삶을 훈련하자

이들은 태생적으로 자신과 타인에 대한 기대치가 높다. 그래서 자신에 대하여 만족감이 없고 자기 수용이 잘 안 된다. 타인 수용도 잘 안 되고 칭찬을 잘 하지 않는다. 자신에 대한 기대치를 어느 정도 낮추어서 작은 일에도 자기수용을 해보자. 그리고 타인에 대해서도 작은 일에 칭찬하는 삶을 훈련해 보자. 우울질이 칭찬을 하는 순간부터 놀라운 일들이 일어난다.

칭찬은 타인을 위해서 하는 것이 아니다. 자신의 풍성한 삶과 인격 성숙을 위해 하는 것이다. 타인을 칭찬하려면 내가 타인의 선한 것을 먼저 보아야 하고 장점을 의도적으로 찾고 노력을 해야 한다. 이러한 과정을 통하여 나의 마음이 선한 마음으로 바뀌고 긍정적이며 적극적인 마음으로 변한다. 그러기에 칭찬은 듣는 사람을 행복하게도 하지만 칭찬을 하는 사람에게 먼저 긍정적인 변화가 일어남을 알아야 한다.

17) 염려를 극복하는 삶을 훈련하라

이들이 염려하는 수준은 자동적이다. 불안과 염려 덩어리라고 보면 된다. 일상생활에서 일어나지 않는 일들에 대해서도 염려를 한다. 물론 상상력이 풍부해서 그럴 가능성도 있다. 자신의 염려를 한번 기록을 해보자. 그리고 내가 염려한 일들이 실제로 일어났는지를 확인해 보자.

"어니 J 젤린스커의 '느리게 사는 즐거움(Don't Hurry, Be Happy)'"에 이런 말이 나온다.

걱정의 40%는 절대 현실에서 일어나지 않고

걱정의 30%는 이미 일어난 일에 대한 것이고

걱정의 22%는 안 해도 될 사소한 것이고

걱정의 4%는 우리의 힘으로 어떻게 할 수 없는 것이고

걱정의 4%는 우리가 바꿀 수 있는 것이다.

즉, 96%의 걱정거리가 쓸데없는 것이다.

18) 생각을 바꾸면 인생이 바뀐다

하나님이 우울질에게는 초감각적인 능력을 주었다. 동물과 대화하는 능력을 갖고 있다. 영혼의 울부짖음을 들을 수 있는 능력이 있다. 다시 말하면 생각이 잘 맞을 수 있다. 생각하는 대로 일이 일어나는 것을 경험하기도 한다. 생각을 어떻게 하느냐에 따라 인생이 바뀔 수 있음을 알고 어릴 때부터 긍정적이며 창조적인 생각을 하는 삶을 훈련하는 것도 이들의 미래를 풍성하게 하는 방법 중에 하나이다.

우울질이

작은 일에도 기뻐하고 즐거워할 수 있다면

감사하는 마음으로 충만하고

자신의 내면을 고백하는 훈련이 된다면

사소한 염려와 낙심을 극복하는 훈련이 된다면

사고의 유연성과 긍정적 사고를 할 수 있다면

하나님의 은혜를 공짜로 누리는 삶을 살 수 있다면 인생이 달라질 것이다.

(1) 합리적 사고를 훈련하라

이들은 사고형이다. 생각이 바뀌면 행동과 감정도 변한다. 그런데 이들은 인지의 왜곡이 올 수 있다. 즉 흑백논리도 있고 완벽해야 한다는 사고를 하곤 한다. 그러므로 생각을 긍정적으로 할 수 있다면 인생의 미래가 바뀐다. 부모가 아이들에게 긍정과 감사의 사고를 길러 줄 수 있다면 최고의 선물을 주는 것이다.

이들이 갖고 있는 비합리적 사고는 이렇다.

"나는 최선을 다해야 한다. 만약 내가 최선을 다하지 않는다면 나는 실패자가 될 것이다."

이렇게 바꾸어 보면

"나는 최선을 다하는 것을 좋아하지만 완전하지 않아도 괜찮다. 내가 최선을 다할 때 자부심을 갖지만 그렇지 못할 때 괜찮은 것을 느낄 수도 있고 배울 수 있는 것도 있다. 비록 내가 최선을 다

하지 못해도 나 자신을 수용할 것이다."

"다른 사람이 볼 수 있는 실수를 해서는 안 된다. 만일 실수를 한다면 사람들이 나를 비웃을 것이다."

이렇게 바꾸어 생각해 보자.
"나는 다른 사람들 앞에서 실수를 하지 않는 것을 더 좋아하지만 실수를 했어도 내가 문제 있는 사람은 아니다. 나는 견딜 수 있다. 다른 사람들은 내가 생각하는 만큼 나를 문제 있는 사람으로 생각하지 않는다."

"나는 모든 사람에게 항상 인정을 받아야 한다."
이렇게 바꾸어 생각해 보자. "내가 모든 사람에게 항상 인정을 받으면 좋겠지만, 모든 사람에게 인정을 받지 못한다 할지라도, 최선을 다했다면 감사하자."

(2) 긍정적 사고를 훈련하라
긍정적 사고를 어릴 때부터 훈련하는 것이 중요하다. 그 이유는 부정적이고 비판적인 사고의 잡초가 있기 때문이다. 그럼에도 불구하고 긍정적인 사고를 조금씩 훈련했으면 한다. 이들은 사고형이다. 생각이 바뀌면 인생이 바뀐다는 진리를 알아야 한다.

이들은 미래를 보는 안목이 매우 뛰어나다.

미래를 보되 긍정적으로 보는 것이 아니라 부정적인 면으로 본다는 것이다. 더 정확히 말하자면 비판적으로 본다는 것이다. 이들은 왜 부정적이며 비판적일까? 그 이유는 문제가 너무 잘 보이기 때문이다. 또한 정확하게 하고자 하는 욕구, 잘하고자 하는 욕구라 할 수 있다. 이러한 마음을 읽어주고 이해하며 긍정적인 사고를 갖도록 어릴 때부터 훈련을 하자.

19) 용서하는 삶을 훈련하라

이들은 과거를 잘 기억한다. 긍정적인 것보다 부정적인 것을 잘 기억하고 상처 입은 것과 상처를 준 사람을 오래도록 기억한다. 우울질의 아이들은 생각지도 않은 일에 상처를 받고 오랫동안 간직하고 있음을 알고 자녀를 대할 때는 말소리의 크기까지 조절하라. 그렇지 않으면 그들은 예기치 않은 일로 마음이 상할지도 모른다. 만일 상대방이 무슨 일로 상처를 받았다면 그에게 진지하게 사과하라.

이들이 상처를 받으면 내면으로 억압을 한다. 내면으로 억압하기 때문에 아무도 우울질이 화가 난 것을 알지 못한다. 그러나 억압된 분노는 미해결된 감정 상태로 가슴 속에 차곡차곡 쌓이게 된다. 어떻게 보면 우울질은 가슴에 고통의 목록이라는 상자가 있을지도 모르겠다. 그만큼 상처를 해소하지 못하고 가슴에 새겨 놓는 사람들이다. 그리고 복수심에 불타오를 수 있다. 이들은 다양하고 뛰어난 능력을 갖고 있음에도 불구하고 용서할 줄 모르는 마음과 복수심으로 인하여 능력이 상실되는 경우가 많다. 어릴 때부터 수용하는 능력과 용서하는 힘을 길러주는 훈련이 필요하다.

4장

사교적인 다혈질 자녀 양육

1. 다혈질의 행동 특성

1) 몸에 열은 많지만 이불은 덮고 자는 아이

다혈질은 사상 체질에서 소양인에 해당되며 계절로 보면 '봄'에 해당된다. 활동성이 강하며 몸에 열이 많다. 열은 많지만 대체로 이불을 덮고 잔다.

2) 모험심과 호기심이 많지만 겁이 많은 아이

타고난 외향성으로 활동력이 강하다. 잠시라도 가만히 있지 않고 쉴 새 없이 움직이거나 말을 한다. 통제하기보다는 집안에 안전장치를 설치한 후에 마음껏 탐험하게 하라. 호기심도 많고 모험심도 강하지만 겁이 많다. 그래서 평안하거나 익숙한 환경이 되면 활발하고 재미있고 유머 감각도 빛을 발하게 된다. 이들은 자신이 잘 아는 누군가가 옆에 있으면 모험적으로 활동을 하지만 아무도 없으면 조용히 있는 편이다. 또한 주변에서 반응이 좋으면 열정과 능력 그리고 모험심이 살아나지만, 반응이 없거나 부정적이면 위축되거나 조용히 있는 편이다.

3) 잠을 깊이 자지 않고 작은 소리에도 잠을 잘 깨는 아이

담즙질의 아이는 늦게 자고 일찍 일어나는 경향이 있지만, 다혈질은 잠은 잘 자지만 주위 환경에 예민하게 반응하여 약간의 소리에도 눈을 뜨고 살펴보는 경향이 있다. '내가 잠을 자는 동안에 어떤 재미있는 일이 일어날까?'를 생각하면서 환경적 작용에 순간순간 잠을 깬다. 다혈질 아이는 세상을 탐험하고픈 열정을 품고 탄생한 아이인 것 같다.

4) 누군가 곁에 있어 주길 원하며 미소만 지어도 행복한 아이

관계 중심적 성향을 태생적으로 갖고 있어서 누군가 옆에 있어주길 원한다. 누군가 자신을 안아주고 곁에 있어 주면 아주 착한 아이가 된다. 그러나 이 아이는 잠이 없고 많이 움직이는 외향성이기에 만만한 일이 아니다. 또한 호기심과 모험심이 강하지만 의외로 겁이 많아 누군가가 옆에 있어 주는 것이 좋다. 곁에서 빙그레 웃는 얼굴로 반응을 해주면 아이는 신바람이 나서 행동을 할 것이다.

5) 얼굴 표정을 많이 살피며 반응을 잘하는 아이

다혈질의 아이들은 부모의 행동에 반응을 참 잘한다. 엄마가 미소를 지으면 아이도 미소를 짓고, 엄마가 눈을 감으면 아이도 눈을 감고, 엄마가 윙크를 보내면 아이는 소리를 지르며 자지러지게 웃는다. 주위 사람들에 대한 호기심이 많으며 주위 사람들의 반응에 긍정적으로 반응한다.

6) 재롱꾼이며 무대 체질인 아이

신기한 것은 신생아 때부터 내향성과 외향성이 구분된다는 것이다. 다혈질은 외향성이기 때문에 밝고 환하게 잘 웃는다. 사람들이 많으면 재롱을 부리며 자신을 자랑하고 싶어 한다. 그리고 무대 중심에 서려고 한다.

7) 사람들의 시선을 원하며 주목받고 싶은 아이

다혈질은 신생아 때부터 주위 사람으로부터 관심을 끌기 좋아한다. 관심을 끌지 못하면 재롱을 부리거나, 애교를 떨 거나, 목이 터져라 울어 댄다. 이들의 행동의 목적은 주위 사람들에게 관심을 받기 위한 것이다. 아이들이 우는 이유는 조금씩 다르다. 담즙질의 아이는 힘을 과시하기 위해서 울고, 우울질은 내 마음을 알아주는 사람이 없을 것 같아 서럽게 울고, 다혈질은 관심을 가져달라고 운다. 아이가 울 때 누군가가 관심을 가져주면 뚝 그치는 아이가 있다면 이 아이는 다혈질의 성향에 가깝다 할 수 있다.

2. 다혈질 속에 있는 무한한 가능성의 씨앗

1) 언어적 씨앗

말은 하나님께로부터 나왔으며 인간에게만 준 선물이며 특권이다.

"태초에 말씀이 계시니라 이 말씀이 하나님과 함께 계셨으니 이 말씀은 곧 하나님이시니라."(요 1:1)

언어의 중요성에 대하여 성경은 이렇게 말하고 있다.

"사람은 입에서 나오는 열매로 말미암아 배부르게 되나니 곧

그의 입술에서 나는 것으로 말미암아 만족하게 되느니라. 죽고 사는 것이 혀의 힘에 달렸나니 혀를 쓰기 좋아하는 자는 혀의 열매를 먹으리라."(잠언 18:20~21)

"혀는 곧 불이요 불의의 세계라 혀는 우리 지체 중에서 온몸을 더럽히고 삶의 수레바퀴를 불사르나니 그 사르는 것이 지옥 불에서 나느니라. 여러 종류의 짐승과 새와 벌레와 바다의 생물은 다 사람이 길들일 수 있고 길들여 왔거니와 혀는 능히 길들일 사람이 없나니 쉬지 아니하는 악이요 죽이는 독이 가득한 것이라."(약 3:6~8)

언어의 중요성을 강조한 말이다.
- 말은 생명력이 있다.
- 말은 권세가 있다.
- 말이 씨가 된다.
- 말 한마디로 천 냥 빚을 갚는다.
- 죽고 사는 것이 혀에 달려 있다.
- 말은 운명을 바꾸고 미래를 바꾼다.
- 말은 생각과 마음을 지배한다.
- 말로 상처를 받고 말로 치유함을 얻는다.
- 칼로 상처 입는 것보다 말로 상처 입는 것이 더 아프다.
- 입술의 30초의 말이 가슴에 30년의 말이 된다.
- 말은 무한한 창조력과 힘을 가진 인생 최대의 에너지이다.

다혈질은 '언어'라는 무한한 가능성의 씨앗을 갖고 있다.

타고난 언어적 능력을 잘 활용하여 인간관계를 아름답게 하며 자신을 만나는 사람들에게 따뜻함을 주며 산소와 같이 생기를 주며 삶의 활력소를 주는 사람들이다. 힘들고 상처 입은 사람도 다혈질을 만나면 생기와 삶의 활력을 얻는다.

표현능력과 설득력이 뛰어난 사람들이다.

똑같은 것을 표현해도 다양하고 아름답게 표현한다. 말솜씨는 선천적이며 태생적으로 갖고 있다. 설득력의 뛰어남을 이렇게 표현하기도 한다. '화려한 언어의 마술사', '설득형의 리더십을 가진 사람', '에스키모족에게도 냉장고를 팔 수 있는 사람이다.'라고 한다.

다혈질은 말하면서 지혜가 생기는 유형이다.

사고형인 우울질은 혼자 묵상을 하거나 산책을 할 때 지혜가 생긴다.

주도형인 담즙질은 행동을 하거나, 몸을 사용할 때 지혜가 생긴다.

점액질은 잠을 푹 자고 나면 지혜가 생긴다.

많은 질문을 해서 자신의 내면세계나 자신이 생각하고 있는 가치나 추구하는 것을 마음껏 표현하는 삶이 필요하다. 이들에게 언어적 씨앗이 잘 자라서 자신의 아름다운 생명을 창조적으로 표

현하는 삶과 타인에게 생기를 주고 희망을 주는 사람이 되도록
해야 한다.

  어릴 때부터 말하는 법을 훈련해야 한다.
  가능하면 질문을 통해 표현 능력과 설득력을 길러주는 것이 좋
다.
  희망과 격려의 말, 생명을 살리는 말, 칭찬하는 말을 많이 하도
록 유도해 주는 것이 좋다.
  말을 할 때마다 다음과 같은 질문을 스스로 해야 한다.

- 이 말이 진실인가 아닌가, 사실인가 아닌가,
- 유익을 주는 말인가 아닌가? 상처를 주는 말은 아닌가?'
- 덕을 세우는 말인가 아니면 해를 끼치는 말인가?

  언어적 씨앗을 타고났지만 잘못 사용하면 과장을 하거나 생각
없이 말하여 실없는 사람이 되기도 한다. 재미있게 표현을 하려
다가 의도치 않게 과장을 해서 뻥치는 사람으로 낙인이 찍히기도
한다. 말은 잘하는데 실천력이 약하여 신용이 없는 사람이 되기
도 한다. 즉흥적으로 말을 하기 때문에 의도치 않게 실수하거나
상대방의 마음에 심각한 상처를 주기도 하고 오해를 받기도 한
다. 그러므로 신중하게 생각하고 말하는 삶을 어릴 때부터 해야
하며 입에서 나온 말에 대해선 책임을 지는 삶을 훈련해야 한다.

2) 현재를 사는 능력의 씨앗

다혈질은 현재를 사는 능력을 가지고 있다.

과거에 아무리 힘든 일을 경험했다 할지라도 '살다 보면 그럴 수도 있지 뭐, 지나간 것은 잊어버리고 새롭게 출발하면 되는 거야.'라고 생각한다.

다혈질은 과거를 극복하는 능력을 갖고 있다.

아름다운 과거도 많이 있지만 과거의 상처로 인하여 일생을 불행하게 사는 사람들도 의외로 많다. 과거는 돌이킬 수 없고, 사건을 바꿀 수도 없고, 과거를 지울 수도 없다. 그럼에도 불구하고 과거의 지배를 받으며 살아가는 사람도 많다. 하지만 다혈질은 과거에서 감사할 일들을 찾아내고 상처를 생수로 바꾸는 능력을 갖고 있다.

행복한 삶을 위해서 과거를 어떻게 바라보느냐가 중요하다.

과거를 하나님의 관점, 선교적인 관점, 미래지향적인 관점, 목적론적인 관점으로 바라보자. 모든 과거가 아름답게 보일 것이며 고통의 의미를 찾게 될 것이며 당신을 위대하게 하는 통로가 될 것이다.

이들은 미래가 불안하고 불확실해도 '살다 보면 되겠지, 사노라면 언젠가는 좋은 일이 있을 거야. 오르막이 있으면 내리막이 있듯이 언젠가는 쨍하고 해 뜰 날이 올 거야.'라고 생각하며 현재를 긍정적으로 산다. 현재의 삶이 아무리 힘들어도 누군가가 조금만 지지해주고, 격려해주면, 새로운 힘을 얻어 긍정적이고, 자신감 넘치는 삶을 살아가는 사람들이다.

현재를 사는 능력이란 적응능력, 임기응변, 융통성이 뛰어나다는 말이다.

임기응변이란 그때그때 처한 형편에 따라 알맞게 일을 처리하는 능력.

적응력이란 일정한 조건이나 환경에 맞추어 잘 어울리는 능력.

융통성이란 그때그때의 사정과 형편을 보아 일을 처리하는 재주, 또는 일의 상황에 따라 적절하게 처리하는 재주를 말한다.

다혈질은 새로운 환경이나 새로운 사람을 만나도 상황에 맞게 적절하게 일을 처리해 나가는 능력이 뛰어나다. 예상하지 못한 일이 갑작스럽게 발생하였을 경우에도 순간적으로 적응해가는 능력은 타고난 사람이다.

3) 열정의 씨앗

다혈질의 최고의 에너지는 열정이다.

열정의 사전적 의미는 '어떤 일에 열렬한 애정을 가지고 열중하는 마음으로 자신을 움직이게 하는 중요한 근원이자 에너지다.'라고 정의하고 있다.

인생에서 성공한 사람들은 '다른 것은 다 포기해도 열정만큼은 포기하지 않았다.'고 고백하고 있다. 열정은 꿈과 비전을 이루게 하며 자신이 원하는 목적지에 도착하게 해주기에 인생에 있어서 중요한 에너지이다.

다혈질은 외향성이다.

온몸에 열정이라는 에너지가 흐르고 있다. 특히 자신을 표현하고자 하는 열정은 대단하다. 열정은 대단하지만 지속성이 약하고 진득함이 부족하고 열정이 빨리 식는 약점이 있다. 시작은 열정을 갖고 잘하는 데 마무리를 못 한다.

열정이 지속될 수 있는 삶을 훈련해야 한다.

열정의 지속성을 위해서 육감이나 순간적인 느낌과 기분으로 하는 것이 아니라 신중하게 계획 세우는 삶을 훈련해야 한다.

주변 사람들은 칭찬과 격려를 많이 하여 신바람 나게 해야 한다. 이들은 칭찬을 받으면 흥이 나고 신바람이 난다. 흥이 나면 열정은 지속되며 많은 열매를 맺게 된다.

4) 사람을 살리는 씨앗

다혈질이 갖고 있는 무한한 가능성의 씨앗은 사람을 살리는 것이다.

신체적인 상처를 치유하는 것이 아니라 정서적으로 치유하는 능력을 갖고 있다. 힘들고 지친 영혼을 살리는 씨앗이 들어 있다. 죽어가는 영혼들도 다혈질을 만나면 살아난다. 이들이 내 품는 산소는 사람을 살린다.

다혈질은 선천적으로 정이 많고 가슴이 따뜻하여 감정 공감을 잘한다.

타인의 입장에서 이해를 잘하며, 칭찬하고 희망과 격려하는 능력을 갖고 있다. 상황에 맞는 위로와 격려의 말을 잘한다. 타인의 잠재력을 찾아내어 미래에 대한 희망을 주는 말과 동기부여를 잘하는 사람들이다.

지친 영혼에게 생기를 주며 사람을 살리는 은사가 있다.

이들이 좋아하는 단어는 '영향력'이다. 누군가에게 긍정적인 영향력을 주는 삶을 원한다. 다혈질은 산소와 같은 사람이다. 상처 입은 영혼들에게, 힘들고 지친 사람들에게 산소를 공급하는 사람들이다. 사람들에게 생기를 주는 사람들이다. 다혈질은 사람들에게 칭찬과 격려를 통하여 희망을 주는 사람이 되어야 한다.

이들이 칭찬과 격려를 잘하는 이유는 '나도 칭찬받고 싶다.', '나도 위로받고 사랑받고 싶다.'는 뜻이 내면에 깔려 있다. 그렇기에 다혈질을 많이 칭찬하고 지지하고 위로와 격려를 해주어야 한다.

5) 타고난 친화적인 씨앗

다혈질은 4계절 가운데 봄에 해당되는 기질이다.

봄은 차가운 겨울을 몰아내고 따뜻함을 주고 모든 생물과 식물에 생기를 주며 꽃을 활짝 피우는 계절이다. 봄의 기운을 가진 다혈질은 언제나 환한 미소와 빙그레 웃는 얼굴, 그리고 따스하며 친화적인 이미지를 가지고 있다.

가슴이 따뜻한 사람이며 감정이 풍부한 사람들이다.

타인의 감정을 잘 읽어내고 공감과 이해 그리고 수용하는 능력이 뛰어나다. 마음이 온화하고 따뜻하고 부드럽고 동정심이 많은 성품으로 인해 누구에게나 친절함을 잃지 않는다. 어디를 가든 주위 사람들에게 기쁨을 주는 분위기 메이커로 친화적 리더십을 가진 기질이다.

친화력이 뛰어나다.

시작과 계획을 세우는 능력은 부족하지만 진행을 친화적으로 잘한다. 딱딱한 분위기나 경직된 상황을 뛰어난 친화력으로 웃음이 넘치는 분위기로 변화시키는 능력을 갖고 있다. 이들은 평범한 것에서 흥미로움과 즐거움을 찾아내는 능력, 갈등이 일어난 상황을 적절한 유머를 사용하여 화목한 분위기로 전환시키는 능력은 타고났다.

6) 선한 동기를 가진 사람

다혈질은 '순수하다, 단순하다, 잘 믿는다.' 등의 말로 표현할 수 있다. 무엇을 하든지 선한 의도와 동기를 갖고 관계를 맺으며 함께 동업을 하기도 한다. 이면에 어떤 생각을 갖고 말과 행동을 하는 것이 아니라 말하는 그대로이다. 이들과 잘 지내려면 선한 의도를 알아주는 것이 중요하다.

이들은 미래를 보는 안목이 약하며 준비성과 계획성이 약하다. 즉흥적이며 임기응변적으로 행동할 때가 많다. 감정이 풍부한 사람들이기에 그날의 감정과 기분에 따라 일을 결정하고 행동할 때가 많다. 그렇기에 사소한 곳에서 예상하지 못한 일들이 발생하기도 한다. 나름대로 최선을 다하여 열심히 했지만 결과가 예상한 것과 다르게 나오거나 부정적으로 나와서 공동체와 개인을 당황하게 할 수 있다. 이때 결과보다는 선한 동기를 알아주면 이들은 감동을 받는다.

7) 수용 능력의 씨앗

다혈질은 사상체질로 보면 소양인에게 해당이 된다.

소양인은 비장 기능이 제일 강하다. 비장이 강하다 보니 소화기능이 좋다. 비위가 좋아서 먹지 못하는 음식이 없을 정도로 잘 먹는다. 그리고 인간관계에서 이해가 안 되는 것이 없고 용서가 안 되는 것이 없다. 상처를 쉽게 받을 수는 있지만 오래가지는 않는다. 처음에는 독한 마음으로 복수하고자 하는 마음이 들지는 모르겠지만 시간이 지나면서 상대방의 입장에서 생각한다. 가능하면 사람을 수용하고 이해하고 받아들인다.

수용 능력이 좋은 이유는 다음과 같다.

첫째, 자신에 대한 기대치가 낮다.
자신의 사소한 실수를 심각하게 생각하지 않는 경우도 있다.
'살다 보면 그럴 수도 있지'라고 자신을 합리화도 많이 한다.

둘째, 타인에 대한 기대치도 높지 않다.
타인이 실수를 하면 '살다 보면 그럴 수도 있지'라고 생각하면서 쉽게 수용하고 용서한다.

셋째, 관계 중심적이며 가슴이 따뜻하며 관계에 갈등을 싫어하기 때문이다.

넷째, 감정이 풍부하고 타인의 입장을 먼저 생각하기 때문이다.

다섯째, 자신의 뛰어난 적응능력을 갖고 있기 때문이다.

여섯째, 체질적으로 비장 기능이 강하기 때문이다.
수용이 가져다주는 유익은 많다.
관계를 부드럽게 하며 윤활유의 역할을 한다. 사람을 존중해 주고, 감정을 공감하고 배려하고 이해를 한다. 타인의 마음을 위로

하고 따뜻함을 주며 자존감을 세워준다.

8) 다정다감하며 친절함의 씨앗

다혈질을 감정형의 사람이라 한다.

'지정의' 중에 감정이 발달되어 있으며 정이 많은 사람들이다. 옛말에 '정 때문에 산다.'는 말이 있다. 감정이 풍부하고 가슴이 따뜻한 사람들이다. 그래서인지 모르겠지만 감정에 호소를 하면 대부분 수용을 하게 된다. 다혈질의 다정다감함과 친절함으로 인하여 세상이 밝아지고 사람들이 행복하게 살아간다.

만나는 모든 사람들에게 친절함을 갖고 관계를 맺는 사교성이 뛰어나다.

사교성은 현대를 살아가는 사람들에게 위대한 자산이다. 누구나 갖고 있는 평범한 것 같지만 유능한 재능이 되고 엄청난 경쟁력이 된다. 다혈질은 태생적으로 사교성을 갖고 있다. 적절하게 관계의 훈련을 받게 되면 관계의 달인이 될 수 있다.

이들의 다정다감함과 친절함은 타고난 것이다.

- 언제나 부드러운 미소와 빙그레 웃은 얼굴,
- 따스하고 환한 표정으로 사람을 대하는 능력
- 누군가에게 먼저 다가가서 손을 내밀 수 있는 사람
- 힘들고 지쳐 있는 이들에게 먼저 다가가서 따뜻한 말로 위로하고 격려하는 능력

- 마음을 공감하고 지지해 주는 사람
- 칭찬과 격려를 잘하고 삶에 용기를 주는 능력
- 경직된 상황이나 갈등이 일어날 때 유머와 위트를 적절하게 사용하는 능력
- 뛰어난 사교성으로 매사에 긍정적으로 생각하고 밝은 쪽으로 해석하는 사람

관계 지향적인 사람이다.

관계 지향적인 사람이란 뜻은 '관계를 잘 맺는다.'는 뜻도 있지만 '관계에 가치를 두고 살아간다.', '관계에 순응하며 살아간다.'는 것이다.

이들만큼 사람에게 잘하는 사람은 없다.

관계에 갈등이 일어나는 것을 싫어한다. 분위기가 서먹해지는 것을 원치 않는다. 갈등이 일어나면 해소를 잘 못 하기에 참고 인내하거나, 더 친절하고 다정다감하게 다가가거나, 유머로 슬쩍 넘어가려는 경향이 있다.

관계에서 소외되거나 거절당할 것을 두려워 한다.

지나치게 베풀어 주고 타인의 감정을 공감하고 수용하려고 한다. 화목하고 따뜻한 분위기를 좋아하며 무엇을 하든지 사람과의 관계를 최우선으로 생각하는 기질이다.

3. 다혈질 속에 있는 잡초

1) 의지력의 약함

다혈질의 최고의 약점은 의지력이 약한 것이다.

열정을 활용하면 밝고 명랑한 성격의 힘으로 열정적으로 살아가지만 어떤 일을 하고자 하는 계획이나 생각이 오래 지속되지 않는 것이 가장 큰 단점이다. 진득함이 부족하며 열정이 빨리 식는다. 의지력이 약하다 보니 시작은 잘하는데 마무리를 잘 못하여 용두사미로 끝날 때가 많다.

다혈질 유형의 사람들 모두가 의지가 약해서 시작은 잘하는데 마무리를 잘 못 하는 것은 아니다. 어릴 때부터 적절한 동기부여와 사랑을 받으면 열정이 지속되며 마무리까지 잘하는 사람으로 성장하게 된다.

2) 감정 기복이 심함

다혈질은 감정형의 사람이다.

감정이 풍부하고 쉽게 감동을 잘 받는다. 또한, 감정은 분위기에 따라 쉽게 변하기 때문에 감정의 기복이 심하다. 어떤 때는 즐거워서 웃음을 참지 못하지만 어떤 때는 슬픔을 감추지 못하고 소리 내어 울기도 한다.

감정의 기복이 심하다 보니 순간적으로 욱하는 성격이 있다.

성격은 정이 많고 따뜻하고 온화해도 화를 버럭 내는 경우가 있고, 한 번 폭발하면 분노로 얼굴이 흙빛이 된다. 그리고 분노 후에 쉽게 잊어버린다. 타인은 잊지 않고 있는데 자신은 가볍게 여기며 쉽게 잊어버린다. 또한 잘못한 것이 있다면 사과도 쉽게 한다. 자신은 뒤끝이 없고 좋은 사람이라고 생각할 수 있지만 정작 그로 인해 타인은 상처를 받는다.

3) 결단은 잘하지만 오래 가지 못함

이들은 강의나 교육을 통하여 깨닫게 되는 것이 있다면 쉽게 받아들이고 새로운 삶을 결단 한다. 하지만 그 결심과 결단은 오래 가지 않는 경우가 많다. 그 이유는 의지가 약함이라는 잡초와 주변 환경에 쉽게 영향을 받기 때문이다. 지속적인 훈련과 결단을 하지 않으면 자신도 모르는 사이에 예전 상태로 돌아가는 경우가 많다.

가슴이 제일 발달된 사람들이다.

마음이 따뜻하고 정이 많은 감정형의 사람들이기 때문에 그때의 기분과 감정의 변화에 따라 결단한 삶이 쉽게 변할 수 있다. 그래서 다혈질은 자주 실수하고, 금방 반성하고, 뉘우치지만 거듭 반복하기 때문에 자신도 모르는 사이에 '습관화된 잘못'을 되풀이 하는 경향이 있다.

4) 약속을 잘 지키지 못하는 습관의 잡초

이들은 약속의 중요성을 알고 있다.

약속한 시간에 도착하려고 노력도 한다. 그럼에도 불구하고 약속을 까맣게 잊어버릴 때도 있고 습관적으로 2~30분 정도 늦는 경향이 있다.

조금 늦어도 심각하게 생각하지 않는다.

그 이유는 이들은 타인이 약속 시간에 조금 늦게 와도 '살다 보면 늦을 수도 있지'라고 생각하며 수용을 잘하는 사람들이다. 약속 시간이 조금 늦었다고 따지면 '사람이 죽는 일도 아닌데 뭘 그러느냐' 라고 하면서 심각하게 생각하지 않고 쉽게 미안하다고 말을 하고 넘어가려고 한다.

물론 다혈질이라 해서 다 그런 것은 아니지만 대체로 그렇다.

이들이 약속을 지키는 삶이 훈련되었을 때에 열정과 함께 신용이 있는 사람이 되어간다.

5) 과장이 심함

다혈질의 삶의 좌우명은 '재미있게 살자'이다.

일을 해도 재미있는 방식으로 하길 원한다. 공부를 해도 재미있는 방식으로, 운동을 해도 재미있는 방식으로 하고 싶어 한다. 무엇을 하든지 재미있는 것에 초점을 두고 한다.

말을 해도 재미있게 하려고 한다.

똑같은 사건이나 일을 재미있게 표현을 하려다 보니 자신의 의도와는 관계없이 본의 아니게 과장을 하는 경우가 있다. 주변의 평가를 지나치게 의식을 하다 보니 숫자를 부풀려서 말하는 경우가 종종 있다. 이들이 말하는 훈련을 하지 않으면 과장하는 습관은 순간적이며 무의식적으로 일어날 수 있다. 그렇기 때문에 다혈질은 진실한 말을 하는 훈련을 지속적으로 해야 한다.

6) 팔랑팔랑 얇은 귀

귀가 얇다는 것은 좋은 면으로 해석한다면 수용 능력이 좋다는 뜻이지만, 나쁜 면으로 본다면 주관이 약하다는 뜻이다. 자신이 갖고 있는 신념이나 가치관 철학을 갖고 있지만 정이 많고 타인의 반응을 중요하게 생각하기에 쉽게 자신의 주장을 바꾸는 경향이 있다.

7) 약점을 사소하게 여김

다혈질은 수용 능력이 좋아서 무엇이든지 받아들일 준비가 되어있는 사람이다. 누군가 조언을 해주거나 일을 하다가 변화를 주어야 할 때 수용을 잘하고, 아주 적응을 잘한다. 그래서 자신의 약점을 사소하게 여기는 경향이 있다. 예를 들자면 시간을 잘 지키지 않으면서도 심각하게 생각하지 않고 '그럴 수도 있지'라고 가볍게 넘어가는 경향이 있다.

8) 이름을 잘 기억하지 못함

다혈질은 관계에 가치를 두고 살아가는 사람들이다.

관계에서 가장 중요한 것은 상대방의 이름을 아는 것이다. 이름을 다정하게 불러 주는 것이다. 그런데 이들은 다른 사람이 한 말이나 행동 그리고 외모는 잘 기억하는데 이름을 잘 기억하지 못한다. 그래서 실례를 범할 때가 많이 있다.

다혈질은 만나는 사람의 이름을 기억하려고 노력해야 한다. 사람들은 자신의 이름을 알고 있다는 사실 하나에 감동을 받을 것이고 소중함과 가치감을 느낀다는 것을 알아야 한다.

4. 다혈질 자녀 양육 방법

다혈질은 언어적 씨앗을 잘 자라게 해서 많은 사람을 살리는 사람으로 양육을 해야 한다. 하나님이 다혈질에게 준 열정이라는 에너지, 언어적 능력, 관계의 가치, 산소와 같은 역할을 하는 모든 에너지가 사람을 살리는 사람에 목표를 두어야 한다.

그러기 위해서는 사랑과 칭찬 그리고 격려를 해야 한다.

다혈질을 도형으로 표기할 때 동그라미로 한다.

동그라미는 스스로 위로 올라가지 못한다. 누군가가 밀어주고 당겨주어야 올라갈 수 있다. 동그라미인 다혈질을 사람 살리는 사람으로 성장시키기 위해서는 사랑과 격려 그리고 지지가 절대적으로 필요하다. 누군가로부터 칭찬과 사랑으로 받게 되면 동그라미는 신바람이 나고 흥이 난다. 그리고 원하는 데까지 올라간다.

하지만 동그라미는 내려오는 것은 순간적이며 노력이 필요 없다.

가만히 있어도 내려온다. 내려오지 못하도록 손으로 받쳐주어야 한다. 부모의 못마땅한 표정과 부정적인 평가를 듣게 되면 쉽게 낙심하고 포기하는 경향이 있다. 고로 사랑과 칭찬 그리고 격려와 지지는 다혈질에게 생명과 같은 것이다.

다혈질은 대기만성임을 알아야 한다.

분위기 파악을 잘못하여 때에 맞지 않는 말과 행동을 할 때도 가끔 있고, 유머와 농담을 지나치게 많이 사용하여 가벼운 사람으로 보일 수도 있다. 계획성과 일관성보다는 즉흥적이고 충동적일 때가 많고 감정의 기복도 심하기에 신뢰감을 주지 못할 때도 있다. 하지만 대기만성형이기에 먼 미래를 보고 사랑과 칭찬 그리고 지지와 격려를 보내야 한다.

1) 환한 미소로 빙그레 웃어주라

다혈질은 외향성이며 관계 지향적이며 사교성이 뛰어난 아이다.

어떤 행동을 하게 될 때에 주변에 있는 사람들의 표정을 살피거나 반응에 신경을 많이 쓴다. 타인의 반응이 긍정적이면 자신감이 생기고 능력이 배가된다. 하지만 타인의 얼굴 표정이 부정적이거나 무뚝뚝하면 긴장을 하거나 더 잘하려고 하다가 더 큰 실수를 범하기 일쑤다.

관계지향형인 다혈질의 행복관은 자신에게 있는 것이 아니라 타인의 얼굴 표정에 있다.

"당신이 행복하면 나도 행복합니다."

"나의 행복은 당신의 얼굴 표정에 달려 있습니다."

"당신이 웃어주면 나는 행복합니다."

그래서 타인의 얼굴 표정과 반응을 많이 살핀다.

타인의 얼굴에 미소가 있거나 환하게 웃어주면 행복감을 느낀다. 반응이 긍정적이면 행복감을 느끼며 가치감이 올라가고 살맛나고 신이 난다. 하지만 타인의 반응이 부정적이거나 어두운 표정을 지으면 행복지수가 떨어지며 가치감도 떨어지며 긴장을 한다. 그리고 타인을 웃기려고 마음에 없는 말을 하거나 아부를 하기도 한다. 어떻게 보면 자신의 가치감이나 행복감이 타인의 반응이나 얼굴 표정에 의해 좌우된다고 할 수 있다.

당신이 다혈질이라면 남편이 회사에서 일을 마치고 대문을 열고 들어올 때 가장 먼저 배우자의 얼굴표정을 볼 것이다. 배우자의 얼굴에 미소가 있으면 당신은 행복해할 것이고 배우자의 얼굴에 미소가 없다면 왠지 긴장을 하게 될 것이다.

당신이 다혈질 부모라면 자녀들의 표정을 많이 살필 것이다.

학교를 다녀온 자녀들의 표정이 어두우면 위로하고, 아이의 얼굴에 웃음이 있게 하려고 많은 노력을 하게 될 것이다.

자녀가 다혈질이라면 학교를 마치고 집에 돌아왔을 때 제일 먼저 엄마의 얼굴 표정을 살필 것이다. 엄마 얼굴이 밝으면 행복해 할 것이며 자신의 일을 알아서 할 것이다. 하지만 엄마의 얼굴이 어두우면 약간 긴장을 하게 되고 엄마를 웃게 하려는 행동을 할 것이다.

엄마를 웃게 하려고 노력을 했는데 효과가 없으면 아이는 이렇게 생각할 수 있음을 알아야 한다. '엄마는 날 싫어하는 것은 아닐까?'라고 생각하며 마음에 상처를 입는다. 또한 부모의 긍정적 반응이 없으면 자신감을 상실하게 되며 무엇을 할 때 엄마의 반응을 살피는 사람이 된다.

당신이 어떤 요인에 의해서든 미소를 잘 짓지 않고 차분한 얼굴로 논리적이고 합리적으로 다혈질 아이를 내하면 자녀는 많은 상처를 받을 수 있음을 명심해야 한다. 그리고 아이는 부모에게 잘하려고 부모를 웃게 하려고 많은 노력을 하게 될 것이다.

당신의 자녀가 다혈질이라면 미소를 짓고 긍정적으로 반응해

주라. 그렇게 한다면 다혈질의 자녀는 행복하고 다양한 방면에서 능력이 나타나며 건강한 정신을 갖고 성장해 갈 것이다.

[아이가 웃지 않으면 견딜 수가 없어요. 왜 그렇죠?]
초등학교에서 부모교육 강의를 마치고 나올 때, 어머니 한 분이 이렇게 질문을 했다.
"왜 아이가 웃지 않을까요? 전 아이가 웃지 않으면 마음이 불편하고 불안해요. 무엇인가를 해서 아이를 웃게 만들어야 해요. 왜 그럴까요?"라고 질문을 했다.

어머니께 다시 질문을 했다.
"아이가 본래 잘 웃지 않습니까, 아니면 특정할 때 잘 웃지를 않습니까?"

어머니는 이렇게 대답을 했다.
"평소에는 잘 웃습니다. 그러나 약간의 불만이 있거나 자신이 원하는 것을 요구할 때는 얼굴 표정이 차가워요."

"그땐 어떻게 합니까?"라고 다시 물었다.

어머니는 "아이를 웃게 하려고 원하는 것을 가능하면 다 해주는 편입니다. 저는 왜 아이가 웃지 않으면 긴장이 되고 부담이 되는 걸까요?"

필자는 이렇게 대답했습니다.

"아이가 웃지 않는 것이 불편한 이유는 몇 가지가 있습니다."

"첫 번째는 어머니의 기질과 관련이 있습니다. 어머니가 다혈질이라면 지극히 정상적인 것입니다. 다혈질은 타인의 얼굴 표정과 반응에 많이 신경 씁니다. 그래서 아이의 안색이나 얼굴 표정을 많이 살핍니다. 정이 너무 많아서 모든 사람을 행복하게 해 주려고 하기 때문입니다. 이제 아이가 웃지 않는 날이 있다 할지라도 당신에게 잘못이 있는 것이 아닙니다. 지나치게 민감하게 반응하지 말고 어머니의 생각대로 당당하게 자녀를 양육하세요."

"두 번째는 아이의 기질과 관련이 있을 수 있습니다."

"아이의 기질이 신중한 우울질이라면 얼굴 표정이 약간 차분하거나 심각한 얼굴 표정을 지을 때가 있습니다. 이것은 자녀의 문제가 아니라 우울질이라는 기질 성향이기 때문입니다. 우울질의 아이는 자신이 원하는 것을 얻기 위하여 화를 내기보다는 분위기를 싸늘하게 만들어 부모를 조종하는 경향이 있습니다."

필자는 질문을 했다.

"위의 두 가지 가운데 어느 것인 것 같습니까?"

어머니는 이렇게 말했다.

"두 가지 다 조금씩 있는 것 같아요. 지금 생각해 보니까 아이의 기질이 우울질인 것 같아요. 아이의 얼굴 표정이 심각할 때가 많거든요."

필자는 이렇게 말해 주었다.

"어머니가 아이게 줄 수 있는 최고의 사랑은 민감한 마음을 알아주는 것입니다. 약속을 지켜주고, 계획을 미리 이야기해 주는 것입니다. 그리고 아이의 얼굴 표정에 조종당하여 원하는 것을 해 주는 것이 아니라 어머니가 건강한 마음을 갖고 아이의 얼굴 표정에 휘둘리지 않고 양육하는 것입니다."

2) '사랑한다.'라는 말로 애정표현을 하라

다혈질은 감정이 풍부하며 청각 지향적이다.

이들은 사랑한다면 직접적으로 애정을 표현해 주기를 원한다. '사랑한다.'는 말은 듣고 또 들어도 더 듣고 싶어 하는 사람들이다. 사랑을 받는다는 확신이 서게 되면 더 잘하려고 하고 능력이 배가 되며 신바람이 나서 무엇을 하든지 기대 이상으로 한다.

이들은 자신의 어떤 행동이나 말을 한 후에는 대부분 부모나 주변 사람의 반응을 많이 살핀다. 부모의 긍정적인 반응과 '사랑한다.'라는 말 한마디가 아이의 미래를 바꾼다.

보수적인 부모라면 '사랑하는 것을 꼭 말로 표현을 해야 하는가. 행동을 보면 아는 것이지'라고 말할 수 있지만, 자녀가 다혈질이라면 '사랑한다.'라고 직접적으로 '매일' 표현을 하라. 이것이 최고의 사랑이다.

오늘 집에 가면 꼭 안아주면서 이렇게 표현을 해주라.
"사랑한다."
"태어나줘서 고맙다."
"잘 커 줘서 고맙다."
"너의 눈빛이 태양처럼 빛이 나는구나."
"늘 예뻤지만 오늘은 정말 예쁘다."
"너는 앞으로 많은 사람을 살리는 사람이 될 것이다."
"너의 표현능력은 대단하구나."

3) 스킨십은 최고의 사랑 표현이다

다혈질에게 스킨십은 최고의 사랑이다.

스킨십은 아이들이 성장하는데 있어서 가장 중요한 사랑이며 영양분 공급이다. 신체적인 접촉을 통해 안정감과 사랑 그리고 존재감을 느끼게 된다.

사교적인 다혈질은 세월이 갈수록 스킨십에 대한 갈망은 더 강해진다. 가능하다면 이럴 때부터 스킨십을 충분히 해주라. 이들은 관계 중심적인 사람이며 감정의 사람들이다. 가슴이 따뜻하며 정이 많다. 이러한 이유로 스킨십을 많이 원한다. 이들은 자신이 스킨십을 많이 원하기 때문에 사람들을 대할 때 망설임 없이 스킨십을 진하게 하여 친밀감을 표현한다.

- 스킨십을 많이 하면서 놀아라.
- 스킨십을 하면서 칭찬을 하라.
- 스킨십을 하면서 애정을 표현하라.
- 학교에서 집에 왔을 때에 스킨십으로 맞이하라.
- 훈계를 한 후에도 따뜻한 마음으로 스킨십으로 마무리를 하라.

무엇을 할 때에 스킨십으로 인사하고 사랑과 관심을 갖는 것은 이들에게 가장 좋은 놀이라 할 수 있다. 작은 일에도 손바닥을 마주치면서 소리를 내어라. 여기에 칭찬이 함께 하면 환상적인 놀이가 될 것이다.

다혈질이 원하는 사랑은 스킨십이다.

스킨십을 해주지 않으면 화가 나거나 짜증이 날 때도 있다. 자녀를 사랑한다면 많이 안아주어라. 이들이 원하는 애정표현은 신체적인 접촉과 밀접한 관계가 있다.

[참 신기하네요. 아이의 병이 다 나았어요]

3살 먹은 아이를 양육하는 어머니로부터 전화가 왔다.

"목사님, 아이가 자주 아파요. 감기에 자주 걸려요. 약을 먹어도 잘 낫지를 않아요. 너무 힘들어요. 어떻게 해야 합니까? 시간 날 때 기도해 주세요."라고 했다.

아이 엄마에게 몇 가지 질문을 했다.

첫 번째, "자연 분만을 했습니까, 아니면 제왕 절개 수술을 했습니까?"라고 물었을 때에 수술로 출산을 했다고 했다.

두 번째, "초유를 먹였습니까?"라고 했을 때 초유를 먹이지 못했다고 대답했다.

세 번째는 기질적인 측면을 확인할 수 있는 몇 가지 질문했습니다. 행동 유형을 자세히 들어보니 다혈질 성향이 강한 아이라는 것을 알았다.

어머니에게 이렇게 말했다.

"잔병치레를 할 수밖에 없는 조건을 다 갖고 계시네요. 아이가 다시 태어날 수도 없고, 초유를 먹일 수도 없습니다. 아이의 기질적 성향으로 다혈질에 가까우니 많이 안아주세요. 아픈 부분에 손을 얹고 어루만져 주세요. 아이는 앉아줄 때 행복을 느끼고 사랑을 느낍니다. 아이가 원하는 최고의 사랑은 안아주는 것입니다. 옛날 어른들의 말에 '엄마 손은 약손이고 내 배는 똥배'라는 말이 있습니다. 어느 기질이든지 엄마의 손은 약손입니다. 특히 다혈질에게는 더욱더 큰 효과가 있는 약손이 될 것입니다."

그리고 일주일 후에 전화가 왔다.

"목사님! 참 신기하네요. 그동안 병을 달고 살았는데 아이를 안아주고 아픈 부분에 손을 얹어 어루만져 주었을 뿐인데 아이는 건강해졌고 감기도 낫게 되었어요."

4) 칭찬이 최고의 보약이다

이 세상에 존재하는 사람들 가운데 칭찬을 싫어하는 사람은 아무도 없을 것이다. 왜냐하면 칭찬받고 싶은 마음은 인간의 기본적인 욕구이며 갈망이기 때문이다.

행동 치료 심리학자인 스키너는 '칭찬은 행동을 변화시키는 가장 강력한 도구로서, 사람들이 더 잘 행동하게 하며, 삶을 넓히는 모험을 받아들이도록 용기를 준다.'고 말했다.

성경에는 "도가니로 은을, 풀무로 금을, 칭찬으로 사람을 시련하느니라."라는 말씀이 있다.

칭찬의 중요성에 대해 용혜원 시인은 그의 저서 「칭찬의 위력」에서 이렇게 소개하고 있다.

"칭찬은 평범한 사람을 위대하게 만든다."
"칭찬은 바보를 천재로 만든다."
"칭찬은 고래도 춤을 추게 한다."
"칭찬은 귀로 먹는 보약이다"
"돈은 잠깐의 행복을 주지만 칭찬은 평생의 행복을 준다."
"칭찬은 생명력 있는 물과 같다."
"칭찬은 우리의 삶에 힘을 주는 희망의 언어이다."
"칭찬은 용기를 갖게 하고 마음을 풍요롭게 하는 촉진제로 작용한다."

"칭찬은 우리에게 기쁨을 주고 긍지를 심어준다."

"칭찬은 우리의 언어를 능력이 넘치는 창조적인 언어로 바꾸는 것이다."

"따뜻한 칭찬의 말이나 격려의 말은 우리의 마음에 용기와 자신감을 주며 강한 추진력을 가지고 행동하게 만들어준다."

칭찬은 아이를 춤추게 하는 효과가 있다.

칭찬은 아이가 긍정적인 사고를 갖고 건강한 자아를 형성하는 데 촉매 역할을 한다. 칭찬을 받은 아이는 자신이 타인에게 존중받고 이해받고 있다고 느끼면서 정서적으로 안정감과 자신감을 가지며 자존감 또한 높아진다.

칭찬을 해 주라고 말을 하면 많은 부모들이 이렇게 말한다.

"칭찬할 것이 있어야 칭찬하지."라고 한다.

부모들이 다혈질 자녀에게 느끼는 불만 중에 하나가 끈기가 없다는 것이다. 열정도 있고 이해력도 빠르고 에너지도 많은데 진득함이 부족하며 끈기가 없기 때문에 불만이다. 이들은 시작은 잘한다. 그런데 마무리를 잘 못 한다. 공부를 해도 시작은 잘하는데 오래 하지 못한다. 책을 읽어도 처음에는 열정을 갖고 읽다가 나중에 가면 다 읽지를 못한다. 공부뿐만 아니라 일이나 정리정돈, 계획성 등 모든 부분에 이러한 특성은 나타난다.

그렇기에 부모는 칭찬보다는 야단을 많이 친다.

어떻게 보면 칭찬할 것이 없는 것처럼 보인다. 그럼에도 불구하고 아주 작은 것이라도 좋다. 칭찬할 것을 찾아 칭찬을 해보라. 다혈질의 아이는 변할 것이다. 칭찬은 다혈질 자녀들이 먹는 최고의 보약이다. 칭찬이라는 보약을 먹으면 능력이 갑절로 나타난다. 칭찬을 받으면 동기부여가 되어 목표지향적인 사람으로 변한다. 칭찬을 받으면 능력이 배가된다. 열정이 지속적으로 불타오를 것이다.

꼭 기억하라.

비판이나 지적으로 다혈절의 아이를 당신이 원하는 대로 양육하기보다는 칭찬을 해 주어 신바람 나게 키워라. 이들은 칭찬을 받을 때 신바람이 나고 흥이 나고 능력이 나타난다는 것을 알아야 한다.

[다혈질 자녀를 칭찬하는 방법]

다혈질 아이들은 누구에게나 사랑받고 싶어 한다. 자녀의 이런 정서적인 필요를 이해하는 부모는 자녀에게 기대하는 것이 무엇인지 분명하게 알려주고 그 기준에 근접했을 때는 칭찬을 아끼지 말아야 한다. 다혈질 자녀는 칭찬과 인정을 받을 때 무슨 일이든 하고자 하는 동기 부여를 받게 되고 책망과 비난을 받을 때는 쉽게 낙심한다.

행위를 잘했을 때 칭찬하는 것이 아니라 아주 사소한 일에도 칭찬을 하면서 놀아주라. 아이들이 작은 성취를 했을 때 칭찬을 해주라. 칭찬을 받으면 더 잘하려고 할 것이다. 칭찬을 받으면 지혜로움이 생긴다. 칭찬을 통하여 아이들이 스스로 할 수 있는 힘을 길러 주는 것이 중요하다.

첫 번째, 죽은 심장도 뛰게 한다는 말이 있을 정도로 칭찬이 중요하다.

이들은 칭찬에 살고 칭찬에 죽는다. 또한 이들은 칭찬과 인정에 의해 동기부여를 받는다. 다혈질은 사랑한다면 어떤 업적을 이루었을 때 칭찬하는 것도 중요하지만 존재 자체를 칭찬하는 것이 좋다. 이들은 칭찬을 받으면 더 잘하는 사람이다. 관심과 칭찬을 아끼지 말라. 칭찬받은 일은 더 열심히 한다. 목숨을 걸고 한다. 이들에게 관심을 갖고 칭찬을 해 준다면 이들은 신바람 나게 공부를 하고 일을 하고 행동을 할 것이다.

두 번째, 미소로 바라봐 주는 것이 최고의 칭찬이다.

다혈질 성향의 자녀를 얼굴 표정과 긍정적인 반응으로 칭찬하라. 또한 언어적으로 많이 칭찬하라. 무시하거나 부정적인 말로 비판을 한다는 것은 이들의 내면에 있는 최고의 에너지인 열정에 찬물을 끼얹는 격이 된다. 잘한 일에 대해서는 칭찬하고 감사를 표현하려고 노력하자. 그러면 아이들의 행동이 자연스럽게 변할 것이다.

세 번째, 긍정적으로 칭찬하라.

이들은 타인의 평가에 민감하다. 평가가 부정적이면 스스로 위축이 되고 대인관계를 힘들어할 수도 있다. 이들의 미래에 아름다운 그림을 그려주길 원하는 부모라면 부정적인 평가보다는 얼굴에 약간의 미소를 지으며 미래지향적이고 긍정적으로 칭찬을 해주라. 약간 과장을 해서 칭찬해주는 것이 좋다.

네 번째, 외모를 많이 칭찬하라.

다혈질은 화려한 것을 좋아하고 사람들의 시선을 많이 의식을 한다. 사람의 시선을 끌 수만 있다면 무엇이든지 할 수 있는 유형이다. 망가지는 것도 마다하지 않는다. 광대가 되는 것도, 때로 심한 노출이나 성적인 매력을 발산해서라도 사람들의 관심을 끌고자 하는 유형의 사람들이다. '사람들이 나의 외모를 보고 어떻게 생각할까?'에 대한 관심이 많다. 외모에 대한 칭찬은 다혈질을 춤추게 만든다. 끊임없이 칭찬으로 용기를 복 돋아 주자.

5) 있는 모습 그대로 수용하라

다혈질의 자녀가 원하는 것은 있는 모습 그대로 수용 받기를 원한다. 특히 자신이 실수했거나 잘못을 했을 때 수용을 해주면 아이는 모든 면에 잘하는 아이가 된다. 다혈질은 무엇을 잘했을 때 수용 받는 것도 좋지만, 과정을 이해하고 수용해 주는 것이 중요하다.

예를 들자면 열심히 공부해서 부모를 만족시켰을 때가 아니라. 지금 있는 모습 그대로를 용납받고 칭찬을 받고 싶어 한다. 특히 다혈질은 있는 모습 그대로 수용되길 원한다.

[“효자가 되겠습니다.”라고 큰절을 하는 아들]
둘째 아이가 초등학교 1학년이 되던 해 5월이었다.

아이가 태권도 도장을 다녀와서는 아빠에게 앉으라고 한 후에 큰절을 하면서 “아빠! 효도하는 아들이 되겠습니다.”라고 했다. 너무 기분이 좋아서 딸도 불렀다. 그리고 같이 큰절을 하게하고 “아빠, 효도하겠습니다.”라고 말하게 했다.

절을 받은 후에 두 아이를 무릎에 앉혀 놓고 “어떻게 하는 것이 효도하는 것이냐.”고 물었다.

그때 아들이 하는 말이 “부모님의 말씀을 잘 듣는 것이 효도입니다.”라고 했다. 그때 “부모 말을 잘 들을 수 있느냐?”라고 물으니까 “아뇨”라고 대답을 했다.

“그러면 효도할 수 없는데…….”라고 말을 하니까

아이가 대답하는 말이 “공부를 잘하는 것이 효도입니다.”라고 했다. 다시 아들에게 “그럼 넌 공부를 잘 할 수 있느냐?”라고 하니 또 대답하기를 “아뇨.”라고 했다.

나는 아들에게 이렇게 말했다.

“아들아! 그럼 너는 효도를 못 하겠구나. 부모 말도 잘 들을 수 없지, 공부도 잘 못 하지, 그럼 어떻게 효도하는 거지?"라고 다시 물었다. 아들이 한동안 생각하다가 말을 잇지 못했다.

말을 못 하고 있는 아들에게 이렇게 말해주었다.

"당연히 아빠 아들이 공부를 잘하면 좋겠지만 공부를 못해도 좋다. 말을 잘 들으면 좋겠지만 어떻게 부모의 말을 다 들을 수 있냐? 아들아, 태어난 것 자체가 이미 효도를 한 것이란다. 너희들이 여기에 있는 것이 효도한 것이란다. 너희들이 아빠의 아들, 딸로 태어나줘서 엄마 아빠는 얼마나 행복한지 모른단다. 태어나줘서 고맙다. 건강하게 잘 자라줘서 고맙다. 이것이 바로 효도란다."

6) 중요한 일을 끝까지 하게 하라

다혈질의 아이는 대답은 잘하는 데 실천을 잘 안 하는 경향이 있다. 실천을 하더라도 마무리를 잘 못 한다. 또한 약속도 잘 안 지키며 말도 많고 뭘 해도 대충 대충하는 경향이 있다. 자녀들이 문제가 있어서가 아니라 다혈질이 갖고 있는 약점 중에 하나이기 때문이다. 그렇다고 해서 약점을 그대로 방치할 수는 없는 문제이다.

대부분의 부모들은 자녀들이 마음에 들지 않는 행동을 했을 때는 분노와 짜증을 내면서 언어적 폭력을 많이 쓰는 경향이 있다. 만약에 당신의 자녀가 다혈질이라면 당신을 실망시키는 일들은 너무나 많을 것이다. 당신은 수시로 절망을 할 것이다. 그러나 절

대 절망하지 말라. 포기하지 말라. 언어적 폭력도 쓰지 말라. 분노
와 짜증도 내지 말고, 이렇게 해 보라.

첫 번째, 중간에 꼭 확인을 하라.

중간에 확인할 때에는 반드시 고쳐야 할 것이 있거나 중요한 일
에만 하라. 만약에 모든 분야에 끝까지 간섭을 하고 고치려고 하
면 아이는 답답함에 힘들어 할 것이고 부모를 원망할 수도 있다.
엄마는 나를 못 잡아먹어서 안달이 난 사람 같다. 내가 엄마가 원
하는 대로 하면 성을 갈겠다. 내가 엄마가 시키는 대로 다 하게 되
면 무슨 재미가 있겠는가 하면서 반항을 할 수도 있음을 알아야
한다.

다혈질이 공부하는 습관을 갖게 하려면

다혈질은 순간적 이해가 빠르고 열정이 있기에 공부에 대한 좋
은 습관을 길러주는 것이 중요하다. 아이가 공부를 시작하면 진
득하게 하진 않지만 열정을 갖고 시작을 한다. 20분쯤 되면 몸이
뒤틀리기 시작한다. 처음에는 의자에 바른 자세로 앉아서 공부를
하다가 다양한 자세로 바꾸기 시작한다. 좀 더 시간이 지나면 침
대에 누워서 공부를 하다 잠이 들기도 한다.

20분쯤이 지났을 때 간식을 갖고 아이 방을 노크하라.

노크를 한 후에 약간의 시간을 두라. 아이가 자세를 잡을 수 있
는 시간을 배려해주라. 그리고 아이 방으로 들어가라. 아이는 다

시 자세를 바로잡고 공부를 하고 있는 모습을 보게 될 것이다. 자세가 틀린 것을 지적하기보다는 간식을 넣어주며 아이를 칭찬하라. 절대 감시받는 느낌을 갖게 하면 안 된다.

얼마의 시간이 흐르면 간식 담은 접시를 가지려 가기 위해 아이 방을 노크하라.

노크를 한 후에 약간의 시간을 두고 들어가라. 아이는 또다시 자세를 바로잡으며 공부를 할 것이다. 또 칭찬을 하고 나오면 된다. 이러기를 몇 번 반복하면 아이는 공부하는 좋은 습관을 갖게 된다. 왜냐하면 칭찬을 받으면 열정이 생기기 때문이다.

두 번째, 중요한 것은 메모를 해서 지키게 하라.

다혈질은 대답은 잘하는데 잘 잊어버린다.

사람이 문제가 있어서가 아니라 기질적으로 잘 잊어버리는 경향이 있다. 이들은 사람의 이름이나 숫자를 잘 기억 못 하는 약점을 갖고 있다. 또한 다른 사람의 말에 잘 귀를 기울이지 않고 덤벙대는 기질이 있다. 이러한 약점을 극복하기 위한 가장 좋은 방법은 메모하는 습관이다.

중요한 일은 세부사항까지도 철저하게 기록하고 실천할 수 있게 도와주어라.

훈련하되 너무 지나치게 강조하지 말고 재미있는 방법으로 하면 더 효과적이다. 그러나 아이에게 너무 큰 기대는 하지 않는 것이 좋다. 있는 모습 그대로를 수용하면서 메모하는 훈련을 하라.

세 번째, 끝까지 간다는 것을 보여주라.

이들은 재미가 없거나 하기 싫은 일은 잘 잊어버린다. 그뿐이다. 그때에는 그에 상응하는 벌을 주고, 할 때까지 시키면 된다. 끝까지 간다는 것을 보여라. 만약에 '아이들이 잘 안 하니까 차라리 내가 하고 말지.'라고 생각하면서 부모가 다 해버리면 아이를 망치게 하는 주된 원인이 될 수 있다.

7) 감정을 공감하고 지지하라

다혈질을 감정이 풍부하며 가슴이 발달된 사람이라고 한다.

감정이 이성보다 앞서고 가슴이 머리와 행동보다 앞선다는 것이다. 일을 하거나 문제를 해결할 때에도 가슴으로 해결하는 유형의 사람이다. 원칙적인 사람이라기보다는 감정의 지배를 받는 사람이라 할 수 있다.

이들은 가슴과 마음이 따뜻한 사람이다.

정이 많고 친절하며 다정다감한 사람들이다. 관계 지향적인 사람이기 때문에 누군가 자신의 기분과 감정 그리고 느낌을 공감해주면 감동을 받는 사람들이다. 감정 공감의 언어, 기분을 알아주는 언어, 느낌을 공감해주는 언어 그리고 칭찬과 격려의 언어는 생명을 살리고, 자신의 존재가 소중하다는 것을 알게 한다.

[엄마도 이렇게 속상한데, 너는 얼마나 속상하겠니!]

중학교 2학년의 아이가 학교에서 중간고사를 친 후에 힘없이 집으로 왔다.

그때 어머니가 "왜 그렇게 힘이 없어?"라고 했다.

아이는 "어머니, 시험을 망쳤어요. 속상해 죽겠어요."라고 했다.

그때 어머니는 마음 깊은 곳에서 화가 치밀어 오르는 것을 느꼈다.

'내 그럴 줄 알았다. 공부를 하면 제대로 해야지, 집중해서 해야지. 잠시도 집중 못 하고 쉴 새 없이 냉장고 문을 열고 닫았다 하더니 결국 시험을 망쳤구나.'라고 말을 하고 싶었지만, 꾹 참고 필자에게 전화를 했다.

"목사님, 속상해 죽겠습니다. 어떻게 하면 좋을까요?"

필자는 어머니에게 이렇게 말을 했다.

"어머니, 지금 가장 속상한 것은 아들입니다. 아들의 기분을 알아주는 것이 중요합니다. 이렇게 해 보세요. 아들아! 너도 공부한 만큼 성적이 안 나와서 속상하지, 엄마도 속상한데 너는 얼마나 속상하고 힘들겠니?"라고 하면서 꼭 안아주라고 했다.

그 이후 엄마는 아들에게 필자가 시킨 대로 했다.

아들은 어머니가 야단을 칠 줄 알았는데 뜻밖에 자신을 꼭 안아주면서 마음을 알아주고 감정을 공감해주니 감동을 받았다. 그리고 나의 마음을 알아준 어머니를 위해 더 열심히 공부해야겠다는 결심을 하게 되었고 명문 고등학교에 진학하게 되었다.

그렇다.

누구에게나 마음을 공감하고 지지해주는 것이 좋겠지만 다혈질에게 현재 마음과 기분 그리고 감정을 공감하고 지지해주는 것은 자녀의 미래를 여는 기초인 것이다.

8) 유머는 유머로 들어라

다혈질은 유머 감각이 뛰어나다.

유머가 주는 유익은 상당하다. 인간관계를 풍요롭게 하고, 경직된 분위기를 따뜻하게 하고, 웃음이 넘쳐나게 한다. 사회에서 리더는 풍부한 유머 감각을 갖고 있다. 어떻게 보면 유머 감각은 사회생활에서 성공의 중요한 요인이 될 수 있다. 이러한 다혈질을 부러워하는 사람들도 의외로 많다. 하지만 유머가 지나치면 문제가 될 수 있다.

뛰어난 유머 감각에 모든 것을 재미있게 이야기하려고 하기에 과장이 심할 수 있고 말에 실수도 많으며 즉흥적이다. 그래서 부모들은 아이들이 말과 행동에 실수를 하면 어떻게 하느냐 하면서 불안해하고 못마땅한 눈으로 보는 경향이 있다.

자녀들이 말을 할 때 맞장구를 치고 고개를 끄덕이며 약간의 미소를 짓고 공감하면서 들어주면 좋겠지만 대부분의 부모는 자녀들의 유머를 윤리 도덕적으로 평가하고 훈계하려고 한다. 유머를 유머로 듣는 지혜가 필요하다.

9) 못마땅한 행동을 너무 고치려고 하지 말라

다혈질은 4원소로 표현하자면 바람이다. 바람은 자유롭다 언제 어떻게 부는지를 모른다. 하지만 바람이 막히면 회리바람이 된다. 감정의 기복도 심하여 순간적으로 분노를 폭발하거나 욱하는 성격을 갖고 있다.

당신의 자녀가 다혈질이라면 마음에 드는 부분이 하나도 없을 수 있다. 하지만 너무 고치려고 하지 말고 수용할 것은 수용을 하라.

예를 들자면 다혈질은 다리를 많이 떤다.

밥을 먹기 위해 의자에 앉거나 공부하기 위해 의자에 앉았을 때에 자신도 모르게 다리를 떨고 있다. 교회나 공동체에 가서도 다리를 심하게 떨기도 한다. 부모가 몇 번을 지적을 해도 그때뿐이다. 시간이 조금 지나면 진동이 느껴진다.

다리를 떨고 있는 자녀를 보고 있는 부모의 마음은 어떠할까?

민망할 것 같다. 그리고 집에 와서 혼을 낼 수도 있다. 이러한 행동은 아이에게 문제가 있어서가 아니라 기질적 성향임을 알고 어느 정도 마음을 공감하고 행동의 자유를 주면서 서서히 고쳐간다면 예의 바른 아이로 성장해 갈 것이다.

정리 정돈을 잘 못 한다.

자신은 최선을 다해 정리를 해도 엉성하고 마음에 들지 않는다. 자녀들이 정리 정돈을 잘하면 좋겠지만 전형적인 다혈질은 정리 정돈을 싫어하는 것도 있지만 잘 못 한다. 하더라도 대충하기에 부모의 마음에 들지 않는 경우가 많다. 정리하지 않는 자녀를 따라다니면서 잔소리할 수는 없다. 잔소리한다고 해서 아이가 고치는 것도 아니다. 당신이 아무리 열심히 가르치려고 해도 다혈질 자녀는 당신이 바라는 완벽한 수준으로 깔끔하게 정리하지 못한다. 어느 정도 했다면 마음에 들지는 않지만 칭찬을 해주라. 그리면 칭찬을 듣고 싶어서 정리를 하는 삶을 스스로 훈련하게 될 것이다.

규칙을 정하는 것이 좋다

집에서 특정한 구역을 정해 주고 그곳에서는 어느 정도 어질러 놓아도 된다. 그리고 안전장치를 하고 마음껏 자유를 누리게 하라. 하지만 어느 구역에서는 정리정돈을 해야 한다는 규칙을 정하고 정리정돈 하는 삶을 훈련해야 한다.

10) 관계의 폭을 넓게 양육하라

이들은 외향적이며 관계 중심적인 사람들이다.

이들의 관심은 항상 '누구(who)'에 있다. 오늘은 누구와 점심을 먹을까? 내가 아는 사람은 누가 있을까? 그곳에 갈 때 누구 차를 타고 가지, 일을 할 때도 이것을 누구와 함께하지 라고 생각한다. 즉 마음 맞는 사람과 일을 하거나 공부를 한다면 능력이 배가될 수 있다. 누구와 함께 활동을 하고 관계를 맺느냐가 중요하다.

공부를 하든지, 학원에 가든지, 어떤 놀이를 하던 간에 친구들과 함께 하려는 심리가 강하다. 사람들과 함께하는 놀이가 좋다. 생각 없이 놀이를 하는 것 같지만 주위에 있는 사람들을 많이 의식한다. 주변에 있는 사람들에게 관심을 끌기를 원하고, '잘한다.' 라는 표정으로 처다봐 주길 원한다. 이들은 어릴 때부터 여러 사람들 앞에서 부끄러움이나 수줍음 없이 재롱을 부린다. 관심을 끌 수 있다면 심한 노출이나, 망가지는 것이나 광대 역할도 마다하지 않는다. 때로는 독특한 행동이나 말을 하여 부모를 당황하게 하기도 한다.

당신의 자녀 가운데 다혈질 성향이 강한 자녀가 있다면 관계의 폭을 넓게 하는 삶을 어릴 때부터 의도적으로 훈련을 하라. 많은 사람과 대화하고 만나고 경험하고 관계를 맺는 것이 중요하다. 이들은 사람들과 관계를 맺으면서 처세술을 배우고 자신의 따뜻함과 친절함의 영향력을 넓혀 갈 것이다.

[학교 마친 후 집에 와야 할 시간에 오지 않으면 너무 불안해요!]

위의 말은 필자의 상담소를 찾아온 중학교 1학년 딸을 둔 어머니의 말이다.

"딸아이가 초등학교 때는 학교를 마치면 곧바로 집으로 왔는데 중학교 들어가면서부터 학교를 마치고 곧바로 집으로 오지 않고 친구들과 놀고 저녁 8시에 집에 옵니다. 걱정도 되고 무슨 일이 생기지는 않을까 불안하기도 합니다. 그래서 잔소리를 많이 하니까 딸아이가 반항을 많이 하고 엄마에게 버릇없이 대들기도 합니다."

필자는 어머니에게 딸아이가 원하는 것은 간섭하지 말고 방과 후 8시까지는 자유를 주었으면 하는 마음이라고 이야기를 해 주었다.

그리고 난 후 어머니와 아이에게 기질 검사를 하게 했다.
딸아이는 검사 결과 사교성이 아주 뛰어난 다혈질로 나왔다.

어머니에게 이렇게 말을 해 주었다.
"어머니, 이 아이는 외향성이기 때문에 친구들을 좋아하고 활동을 좋아합니다. 학교라는 조직사회에 오후 5시까지 생활하다 보니 자유를 추구하는 활동 시간이 필요합니다. 그냥 믿어주고 지켜보면 안 될까요?"

딸아이에게는 이렇게 말했다.

"어머니는 네가 집에 와야 할 시간에 오지 않으면 불안하니까 어머니에게 연락을 하고 귀가 시간을 철저하게 지켜주었으면 좋겠다."

"네가 생각할 때 몇 시까지 자유를 주면 알아서 집에 들어올 수 있겠니?"라고 물었다.

딸은 이렇게 대답했다.

"8시까지가 안 된다면 7시라까지라도 자유를 주었으면 좋겠어요."

아이는 어머니와 의논하여 7시까지 귀가 하기로 약속을 하였다.

어머니에게 기질 검사를 알려주면서 이렇게 조언했다.

"어머니는 내향성으로 안정형인 점액질의 성향이 강합니다. 안정형이기에 내면 깊은 곳에 늘 안정감을 추구하고 싶은 욕구가 강합니다. 딸아이가 제시간에 내 눈에 보이지 않으면 불안해할 것입니다. 그 불안이 돌봄의 능력과 지나친 모성애와 연합이 되어서 딸아이에게 집착을 할 수 있습니다. 이제 어머니가 딸에게 조금씩 자유를 주는 삶을 훈련하십시오. 어머니에게는 힘든 일이지만 심리적 탯줄을 잘라 잘 떠나보내는 것이 좋은 부모의 첫 출발입니다. 지금이 그때입니다."

다혈질은 외향성이며 관계 중심의 사람들이다.

관계를 많이 맺을 때 열정이라는 에너지가 발산된다. 관계의 폭을 넓게 하는 자녀로 양육하라고 권하고 싶다.

11) 설득력이 뛰어난 자녀로 양육하라

다혈질은 언어적 씨앗을 갖고 있다. 어릴 때부터 말하는 것을 좋아한다. 표현력이 뛰어나며 설득력도 뛰어나다. 이들은 말하면서 지혜가 생기는 유형이라 할 수 있다. 그러므로 떼쓰는 아이로 키우지 말고 표현능력과 설득력이 뛰어난 아이로 키우는 것이 중요하다.

이들은 생각 없이 말하는 경향이 있다. 즉흥적이고 융통성이 뛰어나서 생각 없이 말을 하는 경향이 있다. 이러한 상향을 완벽하게 막을 수는 없지만 자신이 말에 대하여 실수를 할 가능성이 많은 기질이라는 것을 알게 해주는 것이 좋다.

삼사일언이라는 말이 있다.

세 번 생각하고 한 번 말하라는 뜻이다. 이들에게 생각을 하고 말을 하게 하는 삶이 훈련된다면 아주 설득력이 뛰어난 사람으로 성장하여 많은 사람들에게 희망을 주어 사람을 살리는 사람이 될 것이다.

아이의 말에 적극적 경청을 하라.

약간의 미소를 짓고 긍정적 반응을 하며 표현능력에 칭찬을 보내며 경청하라. 아이는 정말 창의력과 상상력, 표현력이 뛰어난 아이로 성장하게 될 것이다.

설득력 있는 아이로 훈련할 때 가능하면 재미있게 표현하는 능력을 길러주되 지나치게 과장을 하지 않게 하라. 또한 말한 것에 대하여 책임지는 삶을 훈련하라.

[표현력과 설득력이 뛰어난 언어적 씨앗을 잘 자라게 하는 방법]
첫 번째, 책을 많이 읽게 하라.
창조주는 이들에게 언어적 능력을 주었다. 또한 언어를 통하여 사람을 설득하거나 표현능력이 뛰어나다. 타고난 언어적 씨앗을 잘 자라게 해서 풍성한 열매를 맺게 하기 위해서는 어릴 때부터 책을 많이 읽게 하라. 그러나 이들은 책을 그렇게 좋아하는 기질은 아니다. 가능하다면 동기부여를 잘해서 책을 읽게 하는 것이 중요하다. 이들은 만화책을 비롯하여 글씨가 별로 없고, 그림이 많은 재미있는 책을 좋아한다.

만화책이라도 좋으니 올바른 자세로 책을 읽게 하는 습관을 길러주는 것이 좋다. 하지만 다혈질이 좋은 습관을 갖고 책을 읽는다는 것은 쉽지가 않다. 자유로운 영혼이라서 그렇다. 올바른 습관으로 책을 많이 읽게 하려면 재미있게 하면 된다. 재미있는 방법은 칭찬이며 부모의 미소이다. 이들은 재미가 있으면 몰입을 한다. 열정이 지속이 된다.

두 번째, 사자성어나 격언이나 명언 등을 암기하게 하라.

이들은 "되 글을 가지고 말 그로 써먹는 사람들이다." 즉 작은 지식을 갖고도 아주 재미있고 풍성하게 풀어 설명할 수 있는 사람들이다. 이들은 표현력은 좋지만 어휘력이 약한 사람들이다. 어휘력은 책을 많이 읽어야 하지만 이들은 책을 썩 좋아하지 않는다. 좋아하는 책은 대부분 만화책이나 무협지 등 재미있는 책들이다. 그러므로 이들에게 사자성어나 명언 격언이나 성경 구절 등을 암기하게 하라.

세 번째, 어릴 때부터 스피치 학원에 보내는 것도 도움이 된다.

대부분의 부모들은 자녀들이 잘 못 하고 부족한 부분을 보강하기 위해 학원에 보내는 경향이 많다. 그것보다는 잘하는 분야에 더 잘 할 수 있도록 하여 자신감을 갖게 하고 가능성을 더 풍성하게 해 주는 것이 좋다. 다혈질 아이는 말하는 재미가 최고인데 자신의 말을 아름답게, 생기 넘치게, 멋있게 표현하는 기술을 터득하게 된다면 미래가 정말 아름다워질 것이다. 가능하면 스피치 학원에 보내는 것도 좋다. 마음껏 자신의 언어적 적성을 표현하게 하라.

네 번째, 부정적인 것도 포장을 잘하게 긍정적으로 표현하는 능력을 길러주라.

다혈질은 화려한 언어의 마술사이다. 말을 정말 아름답게 표현할 수 있고 가장 생기 있게 표현하는 능력이 있다. 그래서 이들에게는 사람 살리는 은사가 있어 죽어가는 사람도 이들을 만나면 생기를 얻는다. 이들에게 부정적인 말도 긍정적으로 표현하게 하는 방법을 어릴 때부터 훈련하라. 끊임없이 사람들에게 산소를 공급하게 될 것이다.

다섯 번째, 적절하게 질문을 하여 마음껏 자신의 생각을 표현하게 하라.

다혈질이 갖고 있는 최고의 씨앗은 언어적 씨앗이며 표현력이며 설득력이다. 그렇기에 다혈질은 말을 하면서 지혜가 생기는 사람이다. 많은 질문을 해서 마음껏 자신의 생각을 다양하게 표현하는 능력을 길러주라. 질문에 답을 할 때 조금 부족해도 재미있다고 말하라. 긍정적으로 반응을 해주라. 그러면 이들은 신바람이 나서 능력이 배로 나타날 것이며 더욱 칭찬을 듣기 위해 책을 읽고 재미있게 표현할 것이다. 이들이 갖고 있는 표현능력과 말하면서 지혜가 생기는 장점을 잘 활용하는 지혜가 부모에게 필요하다.

여섯 번째, 아이의 말에 적극적 공감하고 경청을 하라.

약간의 미소를 짓고 긍정적 반응을 하며 표현능력에 칭찬을 보내며 경청하라 아이는 정말 창의력과 상상력 표현력이 뛰어난 아이로 성장하게 될 것이다. 설득력 있는 아이로 훈련할 때 가능하면 재미있게 표현하는 능력을 길러주되 지나치게 과장을 하지 않게 하라. 적절한 질문을 하여 표현력을 키워주라. 이들은 말하면서 지혜가 생기는 사람들이다.

일곱 번째, 과장하는 습관을 고칠 수 있게 도와주라.

다혈질은 다른 기질에 비해 과장이 심한 편이다. 똑같은 사건이나 일을 재미있게 표현을 하려다 보니 자신의 의도와는 관계없이 분의 아니게 과장을 하는 경우가 있다. 주변의 평가를 지나치게 의식을 하다 보니 숫자를 부풀려서 말하는 경우가 종종 있다. 이들이 말하는 훈련을 하지 않으면 과장하는 습관은 순간적이며 무의식적으로 일어날 수 있다. 그렇기 때문에 다혈질은 진실한 말을 하는 훈련을 해야 지속적으로 해야 한다.

여덟 번째, 자신의 말에 책임을 지게 하라.

귀가 얇다는 것은 좋은 면으로 해석한다면 수용 능력이 좋다는 뜻이지만 나쁜 면으로 본다면 주관이 약하다는 뜻이다. 자신이 갖고 있는 신념이나 가치관 철학을 갖고는 있지만 정이 많고 타인의 반응을 중요하게 생각하기에 쉽게 자신의 주장을 바꾸는 경향이 있다.

12) 약속 시간을 지키게 하라

다혈질은 좋은 가능성의 씨앗을 많이 갖고 있지만 최고의 약점은 시간 개념이 약하고 약속을 잘 지키지 않아 상대방에게 신뢰감을 주지 못한다. 또한 이들은 자신의 약점을 사소하게 생각하기 때문에 약속을 어기고도 심각하게 생각하지 않는 경향이 있다. 그 이유는 시간의 중요성을 잘 모르기 때문이다. 또한 자신은 수용 능력이 뛰어나기 때문에 타인도 그럴 것이라 생각한다.

만약에 다혈질이 시간 약속을 지킨다면 이들은 아주 멋있는 사람으로 성장할 것이다. 다혈질의 자녀가 약속을 지키게 하기 위해서는 중간 중간에 약속을 확인해 주는 것도 좋은 방법 중에 하나이다.

13) 명령과 반항의 고리를 끊어라

대부분의 부모들은 자신이 생물학적으로 성장하였다고 자녀들을 인격적으로 대하기보다는 소유물로 생각하는 경향이 강하여 아이들의 감정이나 생각을 무시하고 명령과 통제, 지시, 간섭을 많이 한다. 이러한 명령과 통제는 반복적이고 무의식적이고 자동적으로 행하게 되는 양육 태도인 것이다.

- 내가 시키는 대로 해라.
- 다 너 잘되라고 하는 것이다.
- 이것 해라 저것 해라 늦겠다.
- 당장 일어나라.
- 양치해라.
- 손발 씻고 밥 먹어라.
- 발 씻기 전에는 들어올 생각을 하지 말라.

- 숙제해야지.
- 자, 이제 잠잘 시간이다.
- 어제 9시에 뭐 했어.
- 지금까지 어디서 뭐 했어.
- 누굴 만났어, 누구에게 전화 왔니.
- 누구에게 전화했어, 라고 꼬치꼬치 묻는다.

물론 자녀를 사랑해서 하는 행동이고 자녀들의 미래를 위해서 하는 행동이라고 말은 하지만 그 내면에 부모는 자녀들이 혹시 잘못되면 어떻게 하나 하는 불안이 주된 감정일 수 있다. 불안과 근심 걱정에 휩싸여 항상 자녀들의 행동을 꼬치꼬치 지시한다. 이러한 명령과 통제 간섭은 자녀를 사랑하는 부모로서 충분히 할 만한 잔소리이다. 이러한 일들이 지속적이고 반복적으로 매일 일어난다고 가정을 해보자. 자녀들은 어떻게 견딜 것인가? 의존성이 강한 초등학교 때는 순응하지만 사춘기가 되면 어떻게 반응할 것인가?

강압적으로 명령 통제 간섭할 때에 자녀들은 어떻게 반응을 하는가?

첫 번째, 순응하는 자녀

순응을 한다는 것은 착하다는 것이다. 그냥 부모의 말에 의문을 가지지 않고 지시에 따라 순종한다. 이들은 사춘기가 되어도 부모의 말에 순종하고 잘 따른다. 이들은 통제와 지시를 받을 때 오

히려 편안함을 느낀다. 부모의 지시나 명령을 받지 않으면 오히
려 허전함을 느낀다. 이런한 자녀에게는 무엇을 하라고 구체적으
로 알려 주는 사람이 있어야 한다. 주도권을 잡고 일을 해 나아가
는 데 자신의 뜻대로 행동하지 못하기 때문에 머뭇거리는 경향이
많고 혼자 책임지고 결정해야 되는 일이 있을 때는 오히려 불안
감을 느낀다.

[저는 착하다는 말이 너무 싫어요]

이 말은 고등학교 1학년이 상담을 와서 내게 한 말이다.

"목사님, 제가 가장 싫어하는 말 중에 하나가 '착하다'는 말입니
다. 어릴 때는 착하다는 말이 너무 좋았습니다. 어머니가 하는 말
"우리 딸은 착하지, 어휴 내 새끼, 착한 내 새끼"라는 말이 너무 좋
았습니다. 말을 잘 듣지 않고 엄마 속을 썩이는 언니를 보면서 '나
는 절대로 엄마의 마음을 상하게 하지 말아야지.' 하면서 성장을
했습니다. 그리고 칭찬도 많이 받았습니다. 그런데 이제 고등학교
1학년이 되고 나니 갑자기 착하다는 말이 너무 싫습니다."

왜 착하다는 말이 그렇게 싫은지 물으니 이렇게 대답을 했다.

"착하다는 말을 들으려 애쓰다 보니 내 모든 욕구가 좌절되었
습니다. 착하기 때문에 언니 옷을 물려받아 입어야 했고, 언니 옷
을 물려 입을 때 정말 싫었는데 싫다는 소리도 못 했어요. 저는 착
한 아이니까요. 그리고 먹고 싶은 것, 놀고 싶은 것, 갖고 싶은 것
이 있어도 요구를 못 했어요. 왜냐하면 착해야 하니까. 그런데 목

사님, 이제는 주장을 하려고 해도 잘 안 돼요. 혼자 제대로 하는 것이 없어요. 부끄럽고 용기가 없어서 우체국에도 혼자 못 가겠어요."라고 했다.

부모들에게 권하고 싶다.

착한 아이로 키우지 마시고 정직한 아이로 키워라. 정직한 아이는 자신의 생각이나 감정을 적절하게 표현한다. 그러나 착한 아이는 모든 것을 '착함'이라는 틀 속에서 자신의 긍정적인 욕구와 열정마저 억압한다.

순응하는 아이보다 자기 주도적인 아이로 키워라.

선택과 결정을 자기 주도적으로 할 수 있는 아이로 양육하라. 선택과 결정은 자아정체성의 기초이다. 자녀에게 선택과 결정권을 많이 주어라. 그리고 아이가 선택과 결정을 했을 때에는 아이를 존중하는 마음으로 무조건적으로 지지를 해주어라.

두 번째, 소극적인 저항

소극적 저항의 특성은 대답은 잘하는데 행동은 잘 하지 않는 것이다. 즉 부모가 명령과 지시를 하면 일단 대답은 한다. 그러나 미루기를 잘하는 꾸물거리는 것이다. 즉 부모의 강압적인 태도에 아이들은 불만이 쌓인다. 불만을 표현하게 되면 부모가 화를 내거나 나에게 불이익이 올 수 있기에 화를 내지 않는다. 그러나 아이는 감정을 가진 존재이기 때문에 화를 교묘한 방법으로 풀게 된다. 그것이 대답만 하고 안 하는 방법이다. 즉 자신의 속상한 마음을 부모에게 표현하는 방법이다.

예를 들자면 "양치를 해라."고 말을 한다면
아이는 "예"라고 대답은 하고 안 한다.
어머니는 다시 소리를 높여서 "양치했느냐"라고 물으면
아이는 "이제 하러 가요."라고 대답은 하고 하지 않는다.
어머니는 화가 납니다. 그래서 큰 소리로 "빨리 양치 안 하느냐"라고 물으면
아이는 "아 맞다 깜빡했네" 하면서 하러 가는 시늉만 하고 가지 않는다.
이제 어머니가 열 받아서 화를 내려는 순간에 "양치하러 가야지." 하고 자발적으로 간다.
이것이 전형적인 소극적 저항의 형태다. 즉 명령과 반항이라는 사이클이 끊임없이 돌아간다.

[아이의 느린 행동을 볼 때마다 화가 치밀어올라 미치겠어요]
부모교육을 강의 하는 중에 어머니 한 분이 일어나서 질문을 했다.
"강사님, 저는 큰아이를 볼 때마다 화가 치밀어 미치겠어요. 둘째 아이는 자신의 일을 알아서 잘하는데, 첫째 아이는 모든 일을 느릿하게 하고 대답은 찰떡같이 잘하는데 행동을 제대로 하는 것이 없어요. 어떻게 하면 좋아요?"

아이어머니에게 몇 가지 질문을 했습니다.

첫 번째 질문을 했다.
"아이가 느릿하게 행동을 하면 어머니는 어떻게 하는가요."
어머니는 잔소리도 하고 화를 내지만 따라다니면서 아이의 뒤처리를 다 하고 있다고 했다.

두 번째 질문을 했다.
"첫째와 둘째 가운데 누가 더 사랑스럽습니까? 부모의 힘이 어느 쪽으로 많이 갑니까?"라고 물었더니 어머니는 "아무래도 둘째가 더 사랑스럽습니다. 둘째에게 힘을 많이 실어주는 것 같습니다."

세 번째 질문을 했다.
"첫째가 동생을 괴롭힙니까, 아니면 동생이 형을 괴롭힙니까?"
동생이 형을 괴롭힌다고 했다. 그때는 어떻게 하느냐라고 물으니 동생이니까 그냥 둔다고 했다.

네 번째 질문을 했다.
"어머니께서 첫째와 둘째에게 하는 말의 차이점을 아시는지요. 누구에게 좋은 말을 많이 하시나요? 그리고 누구에게 강압적이고 명령, 통제의 말을 많이 합니까?"라고 했더니 어머니는 첫째에게 잔소리를 많이 한다고 했다.

"어머니, 첫째 아이를 잘 키우려면 첫째에게 힘을 실어주세요. 지금 첫째는 둘째에게 눌리고 있습니다. 그렇게 되면 첫째는 패배감을 느끼게 됩니다. 그 패배감은 앞으로 첫째가 사회생활을 하는데 있어 부정적인 영향을 끼치게 될 것입니다. 어디서 무엇을 하든지 자신감이 상실되고 패배감으로 인하여 위축된 삶을 살게 될 것입니다."라고 조언해주었다.

"그리고 한 가지 중요한 점이 또 있습니다. 명령과 반항의 고리를 끊어야 합니다. 어머니와 첫째 아들은 명령과 반항이라는 고리로 서로를 연결하고 있습니다.

자녀들의 행동의 목적은 엄마입니다. 엄마를 내 곁에 붙들어 놓을 수만 있다면 그 행동은 절대 포기하지 않습니다. 첫째 아이는 느릿하게 하고 대답만 하고 행동을 안 함으로 인하여 엄마를 자신에게 붙들어 놓았습니다. 그 좋은 것을 절대 포기하지 않을 것입니다. 즉 아이는 느릿하게 함으로 어머니를 조종하고 있다는 것을 알아야 합니다. 자녀들은 옳고 그름을 통하여 행동하지 않습니다. 나에게 유익이 있느냐 없느냐에 따라 행동을 합니다. 이제 첫째 아이에게 명령과 반항의 고리를 끊는 삶을 어머니가 훈련을 해야 합니다. 그리고 힘의 균형을 첫째에게 실어주어 위계질서를 바로잡는 것이 중요합니다."

세 번째, 적극적인 저항

아이들은 부모의 힘에 강압에 눌리면서 속으로 '독립할 때까지만 기다리자.'라고 생각한다. 그러다가 고등학교를 졸업함과 동시의 부모에게 반기를 들고 나가기도 한다. 때론 사춘기 때부터 부모와 힘겨루기를 하면서 수많은 갈등을 양산하기도 한다. 이러한 적극적 저항은 사춘기 때 일탈로 갈 수도 있고, 고등학교 졸업 후에 부모의 영향력에서 벗어나고 싶어 대학교는 무조건 멀리 있는 대학을 선택하기도 하고, 부모를 떠나기 위해 잘못된 결혼을 선택하여 평생 후회의 삶을 살기도 한다.

강압적인 양육 태도는 매일, 명령과 반항이라는 고리가 순환되고 있다. 그렇다면 명령과 반항의 고리를 끊은 방법은 무엇일까?

[부모의 일방적인 명령 VS 아이의 반항의 고리를 끊는 방법]
① 친절하면서 단호하게 명령과 반항의 고리를 끊어라.

시작하기 전날 내일부터 어떻게 할 것인가에 대한 구체적인 설명을 하라. "아들아 앞으로 밥 먹으라고 한 번만 말할 것이다. 한 번 말한 후에 네가 밥을 먹지 않으면 엄마가 먼저 밥을 먹고 밥을 치울 것이다. 그런 후에 네가 밥을 먹고 싶으면 네가 알아서 밥을 찾아 먹고 설거지까지 해야 한다."라고 말하라.

다음 날 아침에 "아들아 밥을 먹어라."고 했을 때 대답만 하고 안 오면 두 번 말하지 말고 혼자 식사를 한 후에 치워라. 그다음

아들이 밥을 달라고 하면 어제 약속한 대로 하면 된다. 이때 주의할 것은 아들이 떼를 쓴다고 해 주면 절대 안 된다. 또한 아이에게 화를 내어서도 안 된다. 어머니의 마음은 아프겠지만 친절하면서 단호하게 해야 한다. 아들이 생각할 때 '엄마가 변했구나. 이제 내 방법이 통하지 않는구나. 이젠 말을 하면 실행을 하는구나.'라는 것을 깨닫게 해주어야 한다.

장난감도 마찬가지다.

어머니가 따라다니면서 장난감을 정리하거나 잔소리하지 말고 이렇게 실천해보자.

"아들아, 앞으로 장난감을 갖고 놀다가 정리를 하지 않으면 장난감을 다 치워버릴 거야. 그리고 새것은 재활용 센터에 가져다 줄 거야."라고 말하라. 그리고 정리를 하지 않을 때는 실제로 재활용 센터에 가져다주든지 치워버리거나 감추어버리면 된다. 그 후에 틀림없이 아들이 장난감을 찾는 순간이 올 것이다. 이때 아이가 떼를 쓴다고 찾아주거나 다시 사주면 안 된다. 또한 화를 내거나 잔소리해서도 안 된다. 이렇게 하라. 친절하면서 단호하게 "재활용센터에 가져다주었어."라고, 그리고 앞으로도 이런 일은 많이 있을 것이다. 라고 하라.

[정말 신기하네요. 아이가 스스로 해요]

초등학교 학부모 강의를 하고 나오는데 어머니 한 분이 오셔서 질문을 했다.

아이가 초등학교 4학년인데 아침에 깨우는 일이 너무 힘이 든다고 했다.

"몇 번을 깨워도 일어나지 않아요. 아침마다 전쟁이 따로 없어요. 어떻게 하면 좋겠습니까?"라고 했다.

이때 필자는 위에 있는 방법을 알려 주었다. 명령과 반항의 고리를 끊고 친절하면서 단호하게 하라고 했다. 그리고 몇일 후에 전화가 왔다.

"목사님, 참 신기하네요. 한번 해봤는데 그다음부터 아이가 스스로 일어나요."

저자는 이런 말을 해 주었다.

"어머니, 아이에게 이렇게 축복해 주세요.

아들아, 스스로 알아서 해주니 너무 고맙구나. 사랑한다." 이렇게 말하면서 꼭 안아주라고 했다.

② 아빠의 도움이 필요하다

아빠는 이렇게 도우면 된다. "엄마가 지금 뭐라고 하셨니?"라고 말해라.

어머니는 모성애가 너무 강하기 때문에 자녀를 위해서는 무엇이든지 다하려고 할 것이다. 자녀들이 힘들어하는 것을 보면 마음이 아프고 애처롭고 다 해주고 싶어 하는 것이 어머니의 모성애다. 예를 들자면 어머니가 아들에게 밥을 먹자고 했다.

아들은 알았다고 대답을 했지만 즉시 오지 않고 소극적 저항을 하고 있다.

이때, 아버지는 이렇게 말하라.

따뜻하며 부드러운 목소리로 "아들아, 조금 전에 엄마가 밥 먹자고 했는데 왜 안 오는 거야. 빨리 와요. 엄마는 너를 위해 따뜻한 밥과 맛있는 반찬을 준비했어요. 네가 대답만 하고 오지 않으면 엄마의 마음이 아프단다. 네가 대답을 하고 오지 않으면 식어서 맛없어진 음식을 너를 위해 다시 준비해야 한단다."라고 말하라. 자녀들은 엄마 말을 잘 안 들어도 아빠의 말은 잘 듣는다. 아빠의 이 말 한마디가 엄마의 마음을 편안하게 하고 아이를 성숙한 자녀로 성장시킨다.

아빠가 아이의 마음을 읽어주라

저자의 집에서 일어난 이야기다.

고등학교 1학년에 다니는 딸을 엄마가 깨웠다. "일어나라. 학교 지각하겠다."라고 몇 번을 깨우지만, 딸은 피곤했는지 대답을 하는 소리는 들리는데 일어나지는 않았다. 아내의 목소리는 점점 더 커지기 시작했다. 그때 나는 일어나서 딸의 방에 갔다. 딸에게 "공주야, 많이 피곤하지?" 하면서 다리를 만져주었다. 그렇게 하면서 "이제 일어나야지."라고 했다. 그러자 딸은 "아빠, 고마워요!"하고 일어났다. 그다음 날도 엄마가 딸을 깨우는 소리가 들렸다. 그때 아빠인 나는 이렇게 말했다. "공주야, 일어나야지." 이때 딸은 아빠인 나의 말을 듣고 일어났다.

자녀를 잘 양육하려면 목소리를 낮추어라

자녀를 양육하는 어머니의 목소리는 대부분 커져 있고 짜증이
섞여 있다. 그 이유는 캠프의 지도자이기 때문이다. 가정에서 일
어나는 모든 일에 대하여 아내는 책임을 져야 하고 자신이 하지
않으면 안 될 것 같아서 조급해진다. 남편이 회사 가는 것을 도와
주어야 하고 아이들이 학교 가는 것을 준비해야 한다. 아침부터
할 일이 많다. 음식을 준비하고 남편과 자녀를 깨워야 한다. 조급
해 진다. 미리 준비해야 한다. 그래서 서둘러야 한다. 자연스럽게
목소리가 높아진다. 빨리 움직이지 않으니 짜증이 난다. 목소리가
낮아질 수가 없다. 짜증난 엄마의 목소리를 아침부터 들은 아이
들도 짜증이 난다. 그래서 가정은 아침마다 전쟁이다.

이때, 남편이 도와주면 한결 쉬워진다.

남편이 아내의 마음을 알고 아내가 하는 말을 조금만 도와주어
도 된다. 자녀들을 향한 아내의 말을 자녀에게 대신해 주면 된다.
남편은 아이와 감정적으로 밀착되는 것이 아내보다는 덜하다. 이
성적으로 차분하게 대할 수 있기에 남편의 따뜻한 한마디는 가정
의 평화로운 삶의 근원이 될 수 있다. 또한 아이의 마음에 공감해
주라. 자녀에게 변화를 요구하기 전에 부모가 먼저 변화를 시도
해보자.

5장

안정적인 점액질 자녀 양육

1. 점액질의 행동 특성

1) 조용하고 평온하며 고집을 부리지 않는 아이

점액질의 아이들은 조용하고 고집을 부리지 않는 성실한 아이다. 갈등을 싫어하며 자신을 주장하기보다는 경청하고 타인을 먼저 배려하며 형제들과의 관계에서 싸우거나 갈등을 일으키기 보다는 차라리 양보를 해버린다. 많은 부모들은 이렇게 말한다. 이런 아이라면 10명이라도 키우겠다.

2) 예의 바르며 부모 말에 순종을 잘하는 아이

점액질은 효라는 기능이 강한 유형이다. 부모나 윗사람에게 잘해야 한다는 프로그램이 깔려 있는 사람이라 할 수 있다. 그래서 이들은 부모나 윗사람이 시킨 일이라면 언제나 주어진 일을 성실하게 꾸준하게 잘한다.

3) 잠 잘 자는 것 외에는 특별히 눈에 띄는 것이 없는 아이

점액질은 착하다. 조용하고 선하다. 목표가 없는 것처럼 보여 답답하기까지 한다. 특별히 잠을 잘 자는 것 외에는 눈에 띄는 것이 없을 정도로 잠을 많이 잔다. 시간만 나면 누워있고 자려고 한다. 굳이 재우려 하지 않아도 된다. 누우면 그냥 잠이 온다. 오는 잠을 어떻게 할 방법이 없다. 그런데 신기한 것은 자고 나면 이들은 편안해지고 온갖 스트레스가 해결되고 에너지가 충전이 된다.

4) 언제나 편하고 쉬운 것을 선택하는 아이

이들의 좌우명은 '편안하게 살자. 쉬운 방식으로 살자, 앉아 있을 수 있는데 왜 서 있느냐, 누울 수 있는데 왜 앉아 있느냐'이다. 이들은 할 수만 있다면 가장 편안하고 쉬운 것을 선택하려고 한다.

5) 어릴 때부터 스스로 책을 많이 읽는 아이

점액질이 추구하는 가치는 지식의 가치이다. 그렇기 때문에 어릴 때부터 책을 많이 읽는다. 점액질의 자녀를 기르는 부모에게 꼭 말하고 싶다. 성적으로 평가하지 말고 책을 많이 읽게 하라. 원하는 책을 다 사주라. 이들이 어릴 때 책을 읽는 습관이 형성되어 있지 않았다면 동기부여를 해서라도 꼭 책을 읽게 만들어라. 이들의 뇌 속에는 지식의 가치를 추구하는 프로그램이 있음을 알아야 한다.

6) 말귀를 잘 못 알아듣는 아이

시키는 것은 참 잘하는데 무슨 일을 스스로 알아서 해내는 부분은 약한 편이다. 또한 숫자를 설명하면 말귀를 잘 못 알아듣는 경향이 있을 수 있다. 그러나 암기 부분에는 타고난 능력이 있다. 말귀를 잘 못 알아듣는 경향으로 인해 간혹 사오정 시리즈나 동문서답을 해서 주변 사람들에게 웃음을 선물하는 경우도 종종 있다. 그래서 참 재미있는 사람이 되기도 한다. 말귀는 잘 못 알아들어도 구체적으로 어떻게 하라고 시키면 너무 잘한다. 진실 그 자체라고 보면 된다.

7) 동작이 느리고 말썽을 부리지 않는 아이

점액질은 내향적이고 사람과의 관계를 중요하게 생각한다. 그렇다고 관계를 맺는데 있어서 적극적으로 행동으로 옮기는 것도 아니다. 조용하며 내성적인 사람이다. 그러다 보니 행동도 느리고 말도 조심스럽고 눈치도 없는 편이다. 사람을 조종하는 방법도 기질마다 조금씩 다른데 점액질은 아주 느릿하게 상대에게 대응해 가며 사람을 조종한다. 그리고 자신과 주장이 맞지 않아도 상대와의 불협화음이 거의 일어나지 않는다. 비록 자기 생각과 달라도 상대에게 맞추어 주며 잘 적응해 간다.

2. 점액질 속에 있는 무한한 가능성의 씨앗

1) 돌봄이라는 씨앗

안정적인 점액질은 사람들에게 한없이 잘한다. 선천적으로 사람에게는 잘해야 한다는 훌륭한 성품이라는 씨앗이 자라고 있다.

좀처럼 화를 잘 내지 않으며, 화가 나도 얼굴에 표가 전혀 나지 않는다. 얼굴에 언제나 온화한 표정을 짓고 있으며 아무리 귀찮은 일이 있어도 짜증을 내지 않고 묵묵히 참고 인내하며 다른 사람을 돌보는 일을 한다. 마음과 맞지 않아도, 심지어 원수와 같은 사람들과 갈등 없이 지내는 능력을 갖고 있다.

가끔 외식을 하기 위해 식당에 가면 남자인데 식사를 하기보다는 자녀들과 잘 놀아주고 대화하고, 기저귀 갈아주고 하는 분들을 볼 수 있다. 이들이 점액질 성향이 강한 유형의 사람이다. 지나친 모성애와 연합이 되어서 자녀들을 양육할 때 과보호할 가능성도 많지만 돌봄의 능력은 위대하다. 또한 효의 기능이 강하여 사람을 돌보고 어른을 섬기는 일이라면 아무리 힘들어도 해낸다.

돌봄의 씨앗을 가졌다는 것을 확인하는 방법이 있다.
이들의 가방을 보면 알 수 있다. 화려하지도 않고 작지도 크지도 않지만 가방 안에는 온갖 것이 다 들어 있다. 대일밴드, 이쑤시개, 실, 바늘, 휴지, 약품 등 다양하다. 이렇게 일일이 다 챙겨 다니는 이유는 무엇일까? 길을 가다가 누군가 다치면 위로하고 돌봐주어야 하기 때문이다.

2) 품는 능력의 씨앗
점액질을 4원소로 표현할 때 '물'로 표현한다.
위에서 아래로 순리를 따라 흘러간다. 가다가 막히면 가만히 있다가 물길이 열리면 아무런 불만 없이 흘러간다.

물은 사방팔방에서 침범해 들어오는 모든 것을 거부하지 않고 아무런 불만 없이 받아들여 흘러간다. 산과 들에서 흘러 들어오는 흙탕물을 비롯하여 사방에서 나오는 온갖 쓰레기와 오염된 것을 다 받아들인다. 스스로 정화시키며 수많은 생명체를 살리는 역할을 한다.

이들은 '물'처럼 아무리 힘들어도 모든 사람과 함께 가고자 한다.

갈등을 싫어하기에 참고 인내하며 묵묵히 함께 가고자 한다. 이들은 상처를 받게 되면 감정과 마음이 상하는 기질이 아니다. 상처를 몸으로 받아들이는 기질이다. 그래서 상처를 심하게, 지속적으로 받게 되면 몸이 아프게 된다. 한번 몸이 아프며 심하게 앓게 된다.

잠자는 데는 선천적 능력을 갖고 있다. 잠을 자는 것보다 행복한 시간은 없다. 자고 또 자도 잠이 온다. 점액질은 잠을 많이 자야한다. 왜냐하면, 상처를 입으면 감정이 상하거나 기분이 나쁜 것이 아니라 몸이 아프다. 잠을 많이 자는 이유는 몸에 있는 감정적 쓰레기들을 해소하는 시간이다. 충분히 자고 나면 스트레스가 다 날아가고 몸은 새로운 에너지를 충전하게 된다. 충분히 잠을 자지 못하면 몸에 쌓여 있는 스트레스가 질병을 유발하게 한다.

공동체 속에는 수많은 사람들이 다양한 독특성을 갖고 살아간다. 모든 사람을 품고 용서하고 이해하며 평화를 유지하는 삶을 우선적으로 생각한다. 용수철처럼 완충지 역할을 하는 사람들이기에 공동체에 반드시 있어야 할 사람들이다.

점액질의 품는 능력이 뛰어난 것은 갈등을 싫어하기 때문이다. 갈등을 적극적으로 해소해 나가기보다는 양보하고, 참고, 인내하며 품고 가는 것을 선택한다. 품고 살다 보면 좋은 결과가 있다는 것을 알고 있다.

3) 경청하는 능력의 씨앗

인간은 대화를 하는 존재이다.

대화에 있어서 말을 잘하는 것도 좋지만 들어주는 것이 더 중요하다. 사람들은 말을 잘하는 사람들, 능력 있는 사람보다 내 말에 경청을 해주고 공감해주는 사람을 좋아한다. 현대인은 군중 속에 있는 혼자라는 생각이 든다. 그 이유는 주변에 사람은 많지만 대화를 할 사람이 없고, 경청해 줄 대상이 없다는 뜻이 아닐까?

경청이란 타인의 말에 귀를 기울여 진심으로 듣는 것을 말한다. 인간관계에서 경청만큼 중요한 것은 없다. 상담자의 첫째 조건도 경청의 능력을 말한다. 한문의 '들을 청(聽)'자를 부수로 세밀하게 분석을 해 보면 신비로운 뜻이 담겨져 있다. 좌측에 '귀'를 나타내는 '귀이(耳)'가 있으며 그 아래 '임금 왕(王)' 자가 있다. 우측에는 '열 십(十)' 자가 있고 그 아래에 '눈 목(目)'과 '한 일(一)', 그리고 '마음 심(心)' 자가 있다. '들을 청(聽)' 풀이하면 다음과 같은 뜻이 된다. 모든 백성의 소리를 듣는 왕의 귀를 가지고, 열개의 눈으로 보고 마음을 다하여 진심으로 들어주라는 뜻이다.

인간관계를 강의하면서 가끔 사람들에게 어떤 사람을 좋아하는지 물어본다.

그러면 대부분의 사람들은 자신의 이야기를 적극적으로 경청해 주는 사람이라고 대답한다. 리더십 있는 사람, 능력 있는 사람, 말 잘하는 사람, 재능이 많은 사람, 완벽한 사람을 좋아할 수도 있지만 자신의 말을 공감하면서 들어주는 사람을 좋아한다. 그래서인지는 모르겠지만 점액질 주변에는 사람들이 많으며 이들을 싫어하는 사람은 아무도 없다.

점액질은 경청하는 능력은 타고났다.

타인의 이야기를 온종일 들어줄 수 있는 사람은 점액질뿐일 것이다. 자신과 성격이 맞지 않는다 할지라도 전심을 다 하여 경청을 한다. 원수가 와서 말을 해도 끝까지 온화한 표정을 지으며 약간의 미소로 경청을 한다. 이들은 선천적으로 사람을 존경하는 마음을 갖고 있다.

4) 위기 속에서 침착하고 합리적인 능력의 씨앗

산다는 것은 위기의 연속이다. 하나의 문제를 해결하고 나면 또 하나의 문제가 생긴다. 이러한 위기는 일상적인 삶이다. 어떻게 대처해 가느냐가 중요하다.

각 기질별로 이런 상황에서 반응하는 모습을 살펴보면 확연히 다르다는 것을 알 수 있다.

다혈질은 당황해한다. 소리를 크게 지른다. 욱하는 성격으로 화를 내기도 한다. 안절부절못하고 조급하여 방방 뛴다. 담즙질이라면 다른 사람을 강하게 몰아붙이며 남을 탓한다.

우울질이라면 계획되지 않은 일이 갑자기 발생하면 당황하고 낙심을 한다. 그리고 심각한 스트레스를 받는다. 갑작스러운 문제가 생기지 않도록 항상 긴장하며 예기치 않은 일에 대비하여 철저하게 준비하는 사람들이다.

점액질은 어려움을 당하면 침착해진다.

잠시 물러나서 위기를 객관적으로 차분하게 문제를 해결하려한다. 겉으로 보기에 생각 없이 관망하는 것 같고 느려 보이는 것같지만, 머릿속에서는 사람들에게 피해를 주지 않고 아래에 있는 질문을 생각하면서 합리적인 방법을 찾고 있다.

- 이런 문제는 책에서는 어떻게 해결하였는가?
- 전문가라면 어떻게 해결할 것인가?
- 과거의 선배들은 이 문제를 어떻게 해결했을까?
- 어떻게 해결하는 것이 가장 합리적인 방법일까?

성격이 태평스럽기 때문에 겉으로는 표현하지 않지만 내면으로 가장 합리적인 방법으로 해결하기 위하여 많은 것들을 생각한다. 이들에게 필요한 것은 시간이다. 빨리하라고 압박을 하거나 큰 소리로 다그치면 모든 생각을 중단하고 가만히 있지만 충분히 시간을 주면 위기를 극복할 합리적 방법을 찾아낸다.

5) 지식의 가치를 추구하는 능력의 씨앗

사람마다 IQ가 다르다.

정확히 맞는 것은 아니지만 대체로 우울질은 130 이상, 담즙질은 120 이상, 다혈질은 110 이상 그리고 점액질은 100 이상이라고 한다.

IQ로 보자면 점액질이 제일 낮은 것 같다.

그래서 단순하고 암기하는 과목은 잘한다. 암기력은 아주 뛰어나다. 하지만 수학이나 물리 과학 등 이해를 많이 하고 응용을 해야 하는 과목은 약할 수 있다. 또한, 대화의 핵심을 잘 파악하지 못하는 경향이 있기에 답답하다고 핀잔을 주기보다는 구체적으로 이야기하고 설명시켜주는 것이 좋다.

창조주는 공평하신 분이다.

점액질은 IQ는 조금 낮지만, 지식의 가치를 추구하는 씨앗을 갖고 있다. 그래서 어릴 때부터 책을 많이 읽는다. 즉 이들은 금전의 가치, 비전의 가치, 감정의 가치보다는 지식의 가치를 추구하는 씨앗이 뇌 속에 자라고 있는 것이다. 이들은 앉으면 책을 읽는다. TV를 시청하는 것보다 책을 읽는 것을 더 좋아하는 유형이다.

점액질 자녀를 둔 부모님께 권하고 싶다.

이들이 행동이 느리고 때로는 이해력이 부족할 수 있다. 또 시키는 것은 잘하지만 알아서 잘 못 할 수 있고 눈치가 없다고 생각될 때가 있을 수 있다. 그러나 절대로 이들을 느리다고 말하지 말라. 이해 못 한다고 하지 말라. 대신 이들의 순수함과 정직함, 성실함을 보고 칭찬하라. 절대로 성적으로 평가하지 말라. 그냥 아이들이 좋아하는 책을 많이 읽게 하라. 그리하면 먼 훗날 차곡차곡 쌓아온 잠재능력이 폭발하는 때가 올 것이다. 그때까지 책을 읽게 하라.

6) 인격적이며 '효'라는 능력의 씨앗

점액질을 '인격자'라고 부르기도 한다.

왜냐하면 인내하고 화를 잘 내지 않고 모든 사람들에게 호감을 주며 인격적으로 대해주기 때문이다. 만약에 이들이 화를 냈다면 심각한 경우이거나 아니면 많이 참고 참다가 폭발한 경우라 할 수 있다. 우리는 이들을 '평화주의자'라고 부르며 인간관계에서 '완충지 역할'을 하는 사람이라고 한다.

이들은 진실과 정직 그 자체이다.

잔머리를 쓰지 못하고 거짓말을 잘 못 한다. 거짓말을 해도 금방 들통이 난다. 그래서 어릴 때부터 거짓보다는 정직과 진실과 성실함으로 살아가는 사람들이다. 또한 모든 사람들에게 언제나 한결같고 믿음을 주는 듬직한 사람들이다.

인격이 훌륭하기에 효의 기능이 아주 강하다.

이들을 '규범형'이라고 한다. 규범형이라 하는 이유는 윗사람이 시키는 일이라면, 조직에서 결정된 일이라면 순종을 하기 때문이다. 이러한 성향으로 인하여 효의 기능이 강하다. 효 자체라고 할 수 있다. 이들은 부모님을 비롯하여 어른에게나 윗사람에게는 잘해야 한다는 원칙을 갖고 있다.

7) 마무리하는 능력의 씨앗

이들은 능력적인 면에서 특별히 잘하는 것이 눈에 띄지는 않지만 마무리하는 능력이 아주 뛰어나다. 어떤 일을 맡게 되거나 시작을 하게 되면 언제나 끝까지 해내는 사람이다. 그래서 공동체에는 점액질 성향이 강한 유형이 반드시 있어야 마무리를 깔끔하게 한다.

기질마다 타고난 능력이 조금씩 다르다.

우울질은 계획하는 능력, 담즙질은 시작하는 능력, 다혈질은 진행하는 능력이 뛰어나다. 점액질은 마무리하는 능력과 섬김의 리더십이 뛰어나다. 점액질은 어느 공동체에 가든지 조용하고 처음부터 눈에 띄지는 않는다. 그냥 말없이 자신이 해야 할 일을 한다. 하지만 세월이 가면 많은 사람으로부터 신뢰를 받으며 리더자로 세워진다.

8) 가르치는 은사의 씨앗

점액질은 가르치는 은사가 있다.

기초적인 부분을 체계적으로 잘 가르친다. 아무리 속상해도, 학생이 이해를 못 해도 화를 내지 않고 친절하게 따뜻하게 돌보면서 인격적으로 대하며 가르친다. 가르치는 능력이 있으므로 교육계의 지도자로 가장 적합하다. 또한 속마음을 드러내지 않고, 상한 감정을 밖으로 드러내지 않으며 표정의 변화가 없다. 언제나 한결같은 마음으로 사람을 대한다. 품고 돌보는 씨앗과 지식의 가치가 더해져서 가르치는 은사를 갖고 있는 사람들이다.

3. 점액질 속에 있는 잡초

1) 우유부단함의 잡초

이들은 우유부단해서 선택과 결정을 잘 못 하는 경향이 강하다. 선택하는 능력이 없는 것이 아니라 선택을 하지 않으려고 한다. 예를 들면 사람들과 어울려 백화점으로 쇼핑을 하러 갔을 때 필요한 물건을 찾기 위해 백화점을 몇 번 돌기도 한다. 그런데 그렇게 돌고 나서도 결정을 잘 내리지 못하기 때문에 같이 동행했던 다른 사람들까지도 피곤하게 만든다.

2) 열정이 약한 잡초

이들은 성실하고 정직하며 순응을 잘한다. 마무리를 잘한다. 모임이라는 모임에는 성실하게 참석한다. 그런데 열정을 갖고 참석하기보다는 최소한의 힘을 갖고 참석하기 때문에 열정이 약하다.

점액질에게 열정을 기대한다면 안정감이 보장된 일이거나 가족과 관계된 일, 단순 반복되는 일이나 익숙한 일이라면 정말 열정을 갖고 맡은 일을 끝까지 적극적으로 할 것이다.

3) 은근한 고집의 잡초

점액질의 고집은 드러내지는 않고 은근히 고집을 피운다. 모든 부분에 그런 것은 아니지만 겉으로는 따르는 것 같지만 속으로는 자기주장을 간직하고 있다. 이들을 고집이 있는 사람이 아니라 자기주관이 뚜렷한 사람으로 키우길 원한다면 책을 많이 읽게 해야 한다. 이들은 지식의 가치를 추구하기 때문에 책에 나와 있거나 전문가의 말은 잘 수용하고 따르는 경향이 있다.

4) 게으름으로 관망하는 태도의 잡초

느릿하고 관망하는 삶의 자세는 점액질이 가지고 있는 가장 큰 단점이라 할 수 있다. 이들과 함께 일과 행동을 하다 보면 답답함을 느끼게 되는 것은 사실이다. 갑자기 예상하지 못한 위급한 일이 발생하였을 때, 그리고 '어떻게 해야 하는가'에 대한 방법을 알지 못할 때에는 움직이려 하지 않거나 머뭇거린다. 하지만 안정감이 보장하고, 구체적으로 '어떻게'라는 방법이 나왔을 때에는 아주 빠르게 잘한다. 이들은 방법론을 찾는데 80% 이상의 시간을 많이 보낸다. 이 시간을 타인이 볼 때에는 느리게 행동하는 것으로 보이게 된다.

이들에게 '느리다.', '말을 잘 못 알아듣는다.', '관망한다.', '게으르다.', '왜 알아서 못하느냐.'라고 핀잔을 주게 되면 더 느리게 하고 방관을 한다. 이들은 자신이 느리다는 것을 활용하여 주변사람을 조정하려는 경향이 있다. 느리게 한다고 해서 부모가 다 해주면 안 된다. 그러면 이들은 더 느리게 한다. 느린 것을 수용하고, '어떻게' 하라고 구체적으로 방법론을 제시하라. 그리고 스스로 할 수 있게 기다려주라.

5) 자기 보호적이며 이기적인 잡초

자기를 보호하려는 태도는 아주 이기적인 기질로 나타난다. 어떤 일이든 자신은 피해를 보지 않으려는 보호 본능이 강하다. 그 결과 어떤 문제가 발생하면 자신을 합리화하기 위해서 본능적으로 변명을 둘러대거나 발뺌을 하는 모습을 보이게 된다.

6) 두려움의 잡초

이들의 두려움은 대중 앞에 서서 자신이 주도해 나가거나 혼자 책임지고 결정을 해야 할 때 두려움을 느끼곤 한다. 또한 목소리가 큰 사람이나 거칠게 행동하는 사람들에 대해서도 두려움을 많이 느낀다.

4. 점액질 자녀 양육 방법

점액질은 무조건 책을 많이 읽는 자녀로 양육하라. 책이 생명이다. 책에서 진리를 찾고 인생을 찾고 미래를 바라본다. 절대로 성적을 갖고 평가하지 말고, 느리다고 하지 말고, 이해력이 늦다고 말하지 말고 무조건 책을 많이 읽게 하라. 어느 날, 어느 시점이 될지는 알 수 없지만 읽었던 책의 내용이 이해가 되고 연결이 되면서 깨닫게 되는 날이 반드시 오게 된다. 이때 능력이 나타나는 기질이다.

점액질의 자녀를 양육한다는 것은 축복이다.
이들은 부모의 말을 태생적으로 잘 듣는다. 모범적이고 효의 기능과 돌봄 그리고 품는 능력이 뛰어나며 말썽을 일으키지 않는다. 윗사람이 시키는 일을 잘하며 다른 사람들을 힘들게 하기 보다는 편안하게 해주며 문제를 일으키지 않으며, 자기주장이 강한 유형이 아니라서 조직에 순응하는 아주 착한 아이들이라 할 수 있다.

어릴 때부터 말썽부리지 않고 떼쓰지 않고 잠을 잘 자는 것 외에는 특별히 눈에 띄는 것이 없을 정도로 조용한 유형이라 할 수 있다. 그러나 부모가 잘못 양육하게 되면 은둔을 하거나 회피성 인격 장애자로 갈 수 있으며 무의미한 존재로 성장할 수 있기 때문에 이들을 존재감 있게 양육하는 것이 중요하다.

1) 목소리를 낮추고 따뜻하게 대하라

점액질이 제일 싫어하는 것은 목소리가 큰 것이다.

부부가 큰 소리로 싸움을 한다든지, 자녀들에게 큰 목소리로 압박을 가하는 것은 점액질 자녀들에게 가장 큰 아픔을 주는 것이다.

이들은 내향성이 강하며 목소리를 크게 하면 두려움과 불안이 생기며 몸이 굳어버리고 주눅이 드는 경향이 있음을 알아야 한다. 그렇기 때문에 점액질 자녀들에게 목소리를 낮추어서 따뜻하고 조근 조근 이야기를 해 주어라. 이들에게 줄 수 있는 최고의 선물이다

점액질은 4원소에서 '물'에 해당된다. 물이 스트레스를 받으면 수증기가 되어 사라져 버리거나, 차가운 얼음이 된다. 즉, 부모가 큰 목소리로 빨리하라고 압박을 하면 몸이 굳어지고 순간적으로 멍해지는 경향이 있다.

얼음을 물로 회복시키는 방법은 따뜻하게 하는 것이다. 따뜻하게 만드는 방법은 목소리를 낮추고 빨리하라고 압박하지 말고 부드러운 미소로 대하는 것이다. 그리고 점액질의 자녀들이 말하는 것을 진지하게 들어주는 것이다. 조금 느리고 이해력이 늦어도 차근차근 설명해주고 기다려 주는 것이다.

2) 빨리하라고 압박이나 재촉하지 말고 느린 것을 수용하라

이들은 느리고 규범적이며 안정을 추구하는 사람들이다. 순리

대로 차근차근 문제를 풀어가는 사람들이다. 그런데 갑자기 빨리 하라고 압박을 가면 순간적으로 무엇을 어떻게 해야 할지를 몰라서 머리가 백지상태가 되기도 한다.

이들은 행동과 의사표현 그리고 말도 느린 편이다.
느리다고 너무 몰아붙이지 말라. 단지 느릴 뿐이지 이들에게 문제가 있는 것은 아니다. 무시당할 만큼 잘못한 것은 없다. 단지 신중하고 남에게 폐를 끼치고 싶지 않아서 빨리 반응하지 않을 뿐이다.

점액질 자녀를 둔 부모에게 꼭 하고 싶은 것은 말이 있다.
느리다고, 말귀를 잘 못 알아듣는다고, 이해력이 부족하다고, 머리가 나쁘다고, 눈치 없다고, 말이 없다고, 목표가 없다고, 핀잔을 주지 말라. 어리석다고 언어적으로 무시하지 말라.

점수나, 일의 능력으로 평가하지 말고 언제나 인격적으로 대하라.
따뜻함으로, 빙그레 웃는 얼굴로, 부드러운 목소리로 마음을 읽어주라. 이들은 윤리 도덕적으로 나쁜 길로 가라고 해도 가지 않는 유형이다. 이들은 진실 그 자체이다.

이렇게 축복하자.
• 복을 받을 거야.

- 넌 먼 훗날 정말 잘 될 거야.
- 정직과 성실로 사는 사람은 복을 받게 되어 있어.
- 너는 정말 선함과 진실 그 자체야,
- 너를 만나는 사람들은 다 너로 인해 복을 받을 것이야.
- 너에게 잘하는 주는 사람들은 다 복을 받는다.
- 너를 저주하는 자는 다 저주를 받는다.

[계산대 앞에만 서면 하늘이 노랗고 멍해지는 사람]

이 말은 대학교 4학년 학생이 저자에게 한 말이다.

"목사님, 저는 계산을 해야 할 때는 갑자기 멍해지고 계산이 되지 않습니다."

그래서 어떻게 하는지 물어보니 "음식을 먹은 후에는 아예 계산을 하지 않고 큰 액수의 돈을 내어요."라고 했다.

"언제부터 그랬어요."라고 물었다.

제자가 이렇게 답했다.

"어릴 때 아버지와 구구단을 공부했는데 제가 빨리 답을 하지 못하니까 아버지가 엄청 큰 목소리로 빨리하라고 저를 꾸짖으셨지요. 언젠가 한번은 아버지와 함께 가게에서 물건을 사고 계산을 하려고 하는데, 갑자기 아버지가 저에게 큰 목소리로 계산을 하라고 하셨어요. 제가 머뭇거리고 있으니 아버지는 또 제게 큰 목소리로 '빨리하지 못해!'라고 하셨어요. 아버지의 그 말이 가슴에 박혔어요. 그리고 무엇을 계산할 때가 되면 머릿속이 백지가 된 것처럼 하얗게 돼요."

제자는 자신이 생각을 하지 않고 아무것도 하지 않는 것이 최선의 방법이었다고 고백했다. 다 큰 어른이 되어서도 어릴 적 아버지의 재촉이, 큰 목소리로 꾸짖은 사건이 큰 영향을 미치고 있었다.

점액질 자녀에게는 구체적으로 따뜻하게 그리고 느린 것을 수용하는 것이 중요함을 잊지 말라. 단지 느릴 뿐이지 못하는 것이 아니다.

3) 갈등이 일어나지 않게 하라

이들은 관계중심이며 관계에 갈등이 일어나는 것을 싫어한다. 그래서 가능하면 참고 인내하려고 하고 지나치게 양보하거나 타인의 뜻을 따라가는 경향이 강하다. 그런데 관계나 일 속에서 갈등이 지속되는 상황이 되면 이들은 심한 스트레스를 받게 되고 스트레스가 더 심해지면 은둔하거나 회피하게 되는 경우가 있다.

가정에서 갈등이 일어나는 것을 가장 힘들어한다. 이들은 가정의 안정과 평화를 원한다. 부모가 자주 싸우거나 갈등이 지속되는 것은 이들에게 심각한 상처를 준다. 이들에게 줄 수 있는 최고의 선물은 갈등이 없는 화목한 가정일 것이다.

4) 마음에 평안과 안정감을 갖게 하라

점액질을 기질적으로 '안정형'이라고 한다.
안정형이라고 부르는 이유는 모험이나 새로운 일을 싫어하고 안정적인 것을 원하기 때문이다. 또한, 그 이면에는 불안이 많기 때문이다. 새로운 환경이나 사람을 만나기보다는 익숙한 환경과 사람을 좋아한다. 그래서 한번 경험이 있는 식당이나 마트에 지속적으로 가려고 한다. 이들은 오디션을 보거나, 앞에서 발표를 하거나, 자신이 책임을 지고 선택하거나 결정을 해야 할 경우에 두려움을 많이 느낀다.

점액질에게 줄 수 있는 것은 안정감이다.
가정의 평화로움을 통한 안정감이 중요하다. 그리고 언제나 도와줄 수 있고 함께할 수 있다는 느낌을 주어라. 그리고 불안하지 않도록 확신을 심어주라.

점액질을 자발적으로 움직이는 능동적인 자녀로 양육하고 싶은가?
그렇다면 아이에게 일이 쉽게 느껴지도록 말하고 곁에서 끝까지 도와주겠다고 친절하게 말하라. 강압적으로 말하지 말라. 이들의 삶의 좌우명이 '편하게 살자'임을 잊지 말라.

5) 얼마나 선한 사람인가를 칭찬하라

점액질의 마음 깊은 곳에는 '칭찬과 긍정적 반응 그리고 관심과 사랑'을 받고 싶은 마음이 강하다. 그러나 사랑과 관심을 달라고 적극적으로 표현은 하지 않고 알아서 해주길 바란다. 칭찬을 해주면 쑥스러워하지만, 내면의 얼굴에는 웃음과 자신감의 씨앗이 자라고 있다.

점액질을 칭찬할 때는 잘한 행위를 칭찬하는 것도 좋지만 존재 자체를 칭찬해 주는 것이 좋다. "태어나줘서 고맙다. 건강하게 자라줘서 고맙다."라고 말을 해주라. 부모가 너를 사랑하는 이유는 행위와 아무런 관계가 없다는 것을 알게 하라.

칭찬을 할 때에는 얼마나 선한 사람인가에 초점을 맞추어 칭찬하라. 능력이나 성취한 행동 위주로 칭찬을 하면 다음에도 칭찬을 받으려면 '이런 일을 또 해야 하는구나.'라고 생각하며 하고 부담을 느낄 수 있다. 그러므로 얼마나 인격적이고, 성실하고, 정직하며, 선한 사람인가를 칭찬하라. 그리고 어려운 사람들을 돌보는 마음도 칭찬해 주라.

6) 자존감을 심어주라

이들의 약점은 느리다는 것이다. 눈치도 없고 말귀를 잘 못 알아듣는다. 공부는 열심히 하는데 성적이 오르지 않는다. 그래서 많은 핀잔을 듣고 성장할 가능성이 많다. 이런 아이는 사람들의 관심에서 멀어지고 무시당하기 쉽다.

다혈질처럼 순간적 재치가 있는 것도 아니고,
담즙질처럼 판단력이 뛰어난 것도 아니고,
우울질처럼 조직적이고 분석적이며 예술성이 있는 것도 아니다.

그 대신 모든 것을 참고 배려하며 행복한 것처럼 생활한다.

이들에게 가장 필요한 것은 '너는 소중한 사람이다. 너는 필요한 사람이다. 넌 중요한 사람이다'라는 건강한 자존감을 세워 주는 것이다.

[점액질 자녀의 자존감을 살려주는 대화하는 법]

점액질은 자신의 존재의 의미와 가치를 알고자 한다. 그들은 가정에서든, 학교에서든 자신의 생각이나 필요한 것을 강하게 주장하지 않고 결정 되는 대로 불평 없이 협력을 하며 참여한다. 있는 듯 없는 듯, 그러나 없으면 안 되는 사람들이다.

자기주장을 하지 않고 떼를 쓰지 않기에 이들을 소홀히 대할 때가 많다. 별나지 않고 너무 착하고 순하기에 부모나 형제로부터 관심을 많이 받지 못하거나 무시당할 수도 있다. 이런 일이 반복이 되면 아이는 아무도 자신에게 관심이 없다는 생각을 하게 된다. 그러나 속마음은 표현하지 않고 행복한 모습으로 평화롭게 살아간다. 그러나 내면 깊은 곳에 자신도 모르는 사이에 자존감이 낮아지고 존재감이 상실되어 간다.

점액질 자녀에게 자존감과 존재의 의미를 심어주기 위해서 이렇게 하면 좋을 듯하다. 무슨 일을 결정하거나 대화를 할 때에 별난 자녀나 고집 세고 똑똑한 아이들의 말만 들을 것이 아니라 반드시 점액질의 자녀를 참여시켜라.

참여를 시키는 방법은 끝에는 꼭 점액질 자녀에게 물어보라.

- 너는 어떻게 했으면 좋겠니?
- 너는 무엇을 먹고 싶니?
- 너는 이 일에 대하여 어떻게 생각하니?
- 네가 진정으로 원하는 것은 무엇이니?

이때 당신은 놀라게 될 것이다.

점액질 자녀가 당신의 예상보다 훨씬 더 깊이 있는 생각과 전문 지식을 갖고 논리적이고 합리적으로 자신의 생각을 말하는 것을 듣게 될 것이기 때문이다.

이들은 무슨 일을 할 때 어렵다고 느끼면 스스로 포기하는 경향이 있다. 그래서 부모가 자신에게 물어보지 않고 마음대로 의사 결정을 하거나 관심을 적게 가지면 나를 포기했나. 라고 생각을 하여 스스로 자존감이 낮아진다. 그렇기에 반드시 의사 표현 할 수 있도록 참여시키는 것이 중요하다.

점액질에게 말하고 싶다.

당신이 무엇을 원하는지를 표현하지 않으면 다른 사람이 알 수 없다는 것을 알고 자신의 원하는 것을 표현해보자. 남을 먼저 배려하기보다는 때로는 자신의 생각을 강하게 주장하는 삶을 훈련 해보자. 갈등을 싫어해서 참고 양보만 하지 말고 때론 갈등이 생기더라도 한번 주장을 해보자.

7) '어떻게(How)'라고 구체적으로 말을 하라

이들은 순종적이기 때문에 시키는 것은 잘하지만, 알아서 못하는 경향이 있다. 그래서 무엇을 시킬 때에는 다음과 같이 이야기해 주자.

'어떻게' 하라고 구체적이며 정확하게 말해 주라. 이들이 가장 곤란해하는 말은 '알아서 해'라는 말이다. 항상 구체적으로 방법을 알려주고 일의 절차를 자세하게 말해 주는 것이 좋다.

이들은 복잡한 것을 싫어하며 동시다발적으로 하는 것도 힘들어 한다. 단순 반복되는 것을 좋아하고 하나를 마무리하고 또 하나를 하는 것을 좋아한다. 즉 공부를 하더라도 한 과목을 마무리한 후에 다른 과목을 하는 것이 효과적이다.

8) 선택과 결정을 할 수 있도록 도와주라

이들이 갖고 있는 최고의 약점은 우유부단함이다.

스스로 결정을 잘 못 하고 남들이 좋아하는 방향으로 선택하는 경향이 강하다. 어릴 때부터 자신이 선택할 사항에 대해서는 스스로 결정하도록 도와주라.

어떻게 할 것인가를 물어보는 아이에게 "엄마는 잘 모르겠어. 너는 어떻게 생각하니?"라고 말한다. 그리고 아이가 선택을 했을 때에는 무조건 지지를 해 주라. 이들이 만약에 자신이 무엇인가를 선택할 수 있는 능력이 생긴다면 이보다 더 좋을 수는 없다. 왜냐하면 모범적이지, 성실하지, 남 배려 잘하지, 그런데 스스로 선택하는 능력이 있다고 생각해 보라. 얼마나 멋있는 사람이 될 것인가?

아이를 대신해서 결정해주지 말고 스스로 결정하는 법을 가르쳐주라. 이들은 선택과 결정을 잘하려고 하지 않는다.

[이들은 왜 우유부단하고 스스로 결정을 하지 않는가]
그 이유는 다음과 같다.
첫 번째, 어떤 상황에서든지 더 좋은 방법이 있을 것이라고 생각하고 선택을 미룬다.

두 번째, 자신이 결정을 내리지 않겠다고 결정한다.
목표 달성을 위한 합리적인 방법을 알고 있다 할지라도 머뭇거린다. 자신이 결정을 내리면 자신이 주도적으로 일을 해야 하고 그 결과에 대해서 책임을 져야 하기 때문이다. 자신이 결정하지 않으면 아무런 책임이 없기 때문이다. 이들은 책임지고 혼자 결정하는 것을 두려워한다. 또한 결정을 했을 경우에 얼마나 많은 시간과 노력을 투자해야 하는 것인지를 알기 때문이다. 이들은 가능하면 편안하게 흘러가는 대로 가고 싶어 하는 마음이 무의식에 깔려 있기 때문이다.

세 번째, 모든 사람에게 호감을 주고 싶어 하기 때문이다.

이들은 인격적이다. 남을 먼저 배려한다. 타인의 마음을 상하게 하는 것을 싫어한다. 어떤 것을 선택해야 나에게 유익이 오는지를 잘 알고 있다. 그러나 선택하지 않고 머뭇거린다.

네 번째, 갈등을 싫어하기 때문이다.

태생적으로 평화로움과 안정을 원하지 불편한 관계를 싫어한다. 그래서 가능하면 인내와 양보를 해서라도 좋은 관계를 유지하고 싶기 때문이다.

점액질 자녀에게 줄 수 있는 선물은 선택과 결정을 대신하여 내려 주고 도와주는 것도 좋지만 스스로 선택할 수 있게 기회를 주는 것이 더 좋다. 그리고 선택과 결정 그리고 자신의 의사를 표현했을 때는 아무리 마음에 들지 않더라도 지지와 격려 그리고 인정과 칭찬이 필요함을 잊지 말라. 이들은 무엇을 결정하고 선택할 때 쉽게 하는 유형이 아니다. 많이 생각하고 수없이 망설이다가 자신의 의사를 표현한 것이다. 이때 무시를 당하거나 너무 쉽게 거절을 당하면 다음부터 자신의 의사를 표현하는 일에 대해서는 입을 굳게 닫게 된다.

9) 사랑과 격려와 지지가 있는 동기 부여를 하라

내적 추진력은 부족하지만, 안정감이 보장되고 익숙한 환경이나 단순 반복된 일, 그리고 중요한 타인이 사랑으로 동기 부여를 한다면 자리에서 일어나 행동을 할 것이다. 시작하기 힘들어서 그렇지 일단 시작을 하면 마무리까지 아주 성실하게 책임감 있게 잘한다. 모든 사람에게 신뢰감과 믿음을 준다. 동기부여를 할 때는 일을 잘했거나 무엇을 성취했기 때문이 아니라. 인격적 관계 즉 자녀이기 때문에 사랑한다고 말하라. 점액질은 이러한 격려의 말이 필요하다. 만약에 성취한 것을 칭찬을 하게 되면, 앞으로 칭찬을 받으려면 무엇인가 업적을 남겨야 한다는 부담을 갖게 된다.

10) 쉬고 싶은 마음을 수용하라

이들은 내향성이다. 내향성은 활동을 많이 하면 쉬고 싶어 하는 것을 잊지 말라. 이들이 갈등을 회피하고 모두와 조화롭게 살아가기 위해 너무나 많은 에너지를 소비하고 있음을 알고 충분한 휴식을 취할 수 있도록 도와주라.

이들은 윗사람이 시키는 일이라면 무엇이든지 한다. 자신의 주장이나 생각, 감정, 욕구 등을 묻어두고 권위자나 부모가 시키는 일에 무조건 순종을 한다. 그렇기 때문에 자연스럽게 몸이 고생을 한다. 아무리 힘든 일이라도 몸을 움직여 행동을 한다.

스트레스를 받거나 힘든 일을 했을 때는 몸을 충분히 쉬게 해주는 것이 좋다. 몸을 쉬게 하는 방법은 누워 있거나 잠을 자는 것이다. 자녀들이나 배우자가 머리만 대면 잔다고 핀잔을 줄 것이 아니라 잠을 많이 자는 것이 잘못된 것이거나, 나쁜 것이 아니라는 것을 알 필요가 있다. 몸을 충분히 쉬어주지 못하면 나중에 몸이 아프다. 즉 상처를 몸으로 받는 유형이기에 쉬고 싶어 하는 마음을 수용하라.

11) 점수로 평가하지 말고 책을 많이 읽게 하라

점액질 성향은 암기력은 아주 뛰어나지만 이해하는 부분에서는 조금 약할 수 있다. 그래서 공부는 열심히 하는데 성적이 잘 안 나올 수 있다. 이런 현상이 나타나는 이유는 응용력이 부족해서 문제에 약간의 변화를 주면 틀리는 경향이 있다. 절대로 성적을 갖고 평가하지 말라. 책을 많이 읽게 하고 성실함과 진실함을 보고 믿고 기다려주라.

[공부는 열심히 하는데 도대체 어떻게 되었는지 성적이 안 나옵니다]

이 말은 중학교 2학년 자녀를 둔 부모가 저자에게 한 말이다.

공부를 안 하는 것은 아닌데 너무 쉬운 문제도 틀려서 오니 답답해서 미치겠습니다.

학교 선생님도 이렇게 말한다.

"넌 참 공부를 열심히 하는데 왜 성석이 안 나오는지 모르겠다." 라고 말하였습니다.

나는 이 어머니에게 이렇게 조언했다.

"어머니 이 아이를 사랑한다면 현재 성적으로 절대 평가하지 마십시오.

이 아이에게 문제가 있는 것이 아니라 기질적 성향으로 인한 것입니다.

어머니, 조급해하지 마시고 아이에게 책을 많이 읽게 하십시오. 언젠가 이해가 되고 깨닫게 되는 날이 옵니다. 그동안 읽었던 책의 모든 내용들이 연결이 되어 이해가 되고 깨달음이 올 때가 있습니다. 진실과 정직성을 가진 것에 감사하며 기다리십시오. 반드시 좋은 날이 올 것입니다."

12) 자신의 감정을 좀 더 솔직하게 표현하도록 격려한다

점액질은 보수적 성향이 강하며 인격적인 사람이기에 남에게 폐를 끼치거나 부담을 주는 것을 무척 싫어한다. 가능하면 참고 인내하고 갈등 없이 지내는 것을 좋아하기에 자신의 감정을 잘 표현하지 않는다. 싫으면 싫다, 좋으면 좋다, 화가 난다, 사랑한다는 등의 감정을 표현하지 않고 약간의 미소를 띠고 있기에 사람들은 '도대체 그의 속내를 읽을 수 없어.'라고 하기도 한다. 자신의 진실한 감정은 묻어두고 중요한 타인의 감정을 따라 살아가는 경향이 강하다. 즉 '당신이 행복하다면 나는 상관없습니다.'라고 생각하는 사람처럼 타인을 배려하며 살아가는 사람들이다.

이들은 부정적인 감정뿐만 아니라 긍정적인 감정도 잘 표현하지 않는다. 사랑이란 말이나 칭찬, 격려, 애교, 기쁨, 감사 등의 감정도 표현하는 것을 힘들어한다.

점액질의 자녀들이 자신의 감정을 잘 표현할 수 있도록 도와주는 것이 중요하다. 자신의 감정을 표현해도 안전하다는 것을 느낄 필요가 있다.

13) 목표를 정할 수 있도록 도와주라

부모가 목표 지향적이거나 직관력이 빠르고 성격이 급한 성향이라면 점액질 아이를 볼 때 너무 생각 없이 사는 것 같고, 태평스럽고, 목표가 없는 것 같아 불안하고 화가 많이 날 수 있다. 이 아이를 목표 지향적으로 키우려면 사랑을 듬뿍 담아 약간의 부담을 주어 목표를 함께 세우고 도전하게 해야 한다. 지나치게 높은 목표를 세워 도전하면 움츠러들고 수동적으로 될 수 있다.

이들의 좌우명은 '편하게 살자'이다. 일하는 방식도 '쉬운 방식으로 일하자'이다. 즉 이들은 목표 지향적이거나 도전적인 유형이 아니라 가능하면 편하게, 쉬운 방식으로 삶을 살고자 한다. 이들이 생각하는 편안함이란 자신이 스스로 알아서 하기보다는 윗사람이 시키는 대로 하는 것이다.

부모는 이들을 양육하다 보면 꿈이 없는 것 같고 성격이 너무 태평스럽고 느린 것 같아서 많이 속상할 수 있겠지만 너무 조급해 하지 말고 약간의 부담을 주는 사랑으로 꿈과 목표를 세워 도전하게 하라. 그리고 책을 많이 읽게 하고 기다려주라. 아이가 무엇을 하고 싶어 하거나 꿈이 생겼을 때는 가능하면 지지하라. 그

꿈을 이루기 위한 단계를 함께 계획을 세워보고 도전을 하게 하는 것도 좋은 방법일 것이다. 즉 아이들이 목표를 정할 수 있도록 도와주고 아이가 정한 꿈이나 계획을 가치 있게 여겨주고 진심으로 인정하라. 그러나 느리다는 것을 수용해야 한다. 말귀를 잘 못 알아듣는다는 것을 기억하고 구체적으로 어떻게 하라고 설명해 주어야 한다. 그럼에도 불구하고 자신은 급한 것도 없고 꾸물거리며 태평스럽다는 것도 알아야 한다. 그리고 빨리하라고 큰 목소리로 압박해서는 절대 안 된다.

14) 부모에게 동의하도록 강요하지 않는다

이들은 모범적이며 착하고 규범적이기 때문에 부모님의 말이나 윗사람의 말은 잘 들어야 한다고 생각하는 사람들이다. 어떤 일이 있으면 아이들은 일단 부모의 뜻이 중요하다. 즉 부모의 생각이 자기와 심각하게 다를 때에도 부모의 뜻을 따른다. 가능하다면 아이가 자신의 생각을 주장 할 수 있게 기회를 주는 것이 좋다. 너무 부모의 뜻에 순응하도록 강요하지 말라.

이들이 '노'라고 거절하는 힘을 가질 때 건강해진다.

이들은 언제나 예스맨이다. 속으로는 '노'라고 말을 하면서도 겉으로는 '예스'라고 말을 한다. 거절을 잘 못 하는 사람들의 특성은 내면의 상처가 많은 경우이지만 점액질이 거절을 못 하는 것은 인격자이며 남을 먼저 생각하는 사람이기 때문이다.

6장

자녀는 부모의 스승

부모라는 이름이 존재하는 이유는 자녀가 있기 때문이며, 자녀를 건강하게 양육하는 것이 부모의 사명이다. 창조적인 정신을 가진 자녀로 양육하기 위하여 결론적으로 몇 가지를 나누고자 한다.

첫 번째, 농부의 지혜를 배웠으면 한다.

농부는 씨앗의 특성을 알고, 재배 방법을 알고 그 방법에 따라 땀을 흘린다. 그리고 영양을 공급하고 잡초를 적절하게 제거하고 병충해를 막아준다. 그리고 최선을 다한 후에는 자신의 힘으로 할 수 없는 부분이 있음을 알고 하늘의 도움을 기다린다.

이처럼 부모도 자녀의 타고난 기질적 특성을 알고 각 기질에 맞는 양육 방법에 따라 양육해야 한다. 적절하게 사랑과 칭찬 그리고 격려라는 영양분을 제공해야 한다. 예의범절과 건강하고 좋은 습관을 기를 수 있도록 양육을 해야 하며, 성장함에 따라 부모는 아웃사이드로 비켜주고 자녀에게 선택과 결정 그리고 책임감을 갖게 하며 양육을 해야 한다.

기질에 맞는 자녀 양육 방법을 강하게 권하고 싶은 이유는 다음과 같다.

교육심리학자들의 말에 의하면 성격의 80%가 만 5~6세 이전에 형성된다고 한다. 이때 행동 특성을 통하여 기질을 발견할 수 있다. 이때 기질에 맞는 자녀 양육 방법이 중요하다.

농부는 씨앗의 특성을 알고 재배를 하여 최상의 가치를 창출해 낸다. 열매의 가치는 농부의 역할에 따라 달라진다. 이처럼 사람의 기질 안에 무한한 가능성의 씨앗이 들어 있다. 가능성의 씨앗이 잘 자라서 풍성한 열매를 맺고 창조적인 정신을 갖고 삶을 살아가기 위해서는 부모의 역할, 즉 양육 태도가 중요하다. 자녀의 기질 특성을 알고 자녀를 양육한다면 창조적 작품으로 만들 가능성은 많다. 하지만 자녀의 타고난 성격인 기질의 특성을 모르고 부모의 방법대로 양육을 하면 부모가 원하는 모습의 자녀는 되겠지만 자녀의 내면에 행복이라는 단어는 사라지게 될 수 있다. 그러므로 기질의 특성을 알고 자녀를 양육하는 것이 중요하다.

두 번째, 부모와 자녀의 기질이 다를 수 있다.

서로 다르기에 갈등의 원인이 될 수도 있고 서로 존중하고 배려하며 성장의 기회로 활용할 수도 있다. '다른 것이지 틀린 것이 아니라'라는 것을 인지하고 서로 존중했으면 한다. 그리고 부모가 배웠으면 한다.

세 번째, 기질과 성격을 균형감 있게 양육하라.

기질은 타고난 것이기에 중요하며, 후천적 성격은 5세 이전에 형성되었기에 몸에 배어 있는 것이기에 중요하다. 기질과 성격은 자동적이며 무의식적으로 행동하고 반응한다고 할 수 있다.

네 번째, 자녀를 스승으로 생각하고 성장하는 부모가 되라.

자녀는 신체적, 정서적, 사회적, 학문적으로 자연스럽게 성장한다. 자녀가 성장하면서 부모와의 관계에서 일어나는 갈등은 자연스러운 것이다. 자녀가 성장함에 따라 부모의 양육 태도가 변해야 한다. 유치·아동기까지 잘 굴러가던 관계가 사춘기가 되면 삐거덕거리기 시작한다. 자녀들이 성장했다는 의미이다. 이때부터 부모가 변해야 하고 배우고 공부를 해야 한다. 아동기 때의 양육 방법을 벗어던져야 한다. 그리고 새로운 부모가 되기를 공부해야 한다.

자녀들은 부모에게 성장하라고 주신 하나님의 선물이다

아이가 몇 살이 될 때까지 부모는 아이를 하나님의 선물이라고 느낄까?

어릴 때는 분명히 하나님의 선물이었는데 아이들이 성장하면서 미운 세 살이 되고 원수가 된다. 실제로 이렇게 하소연하는 부모가 의외로 많다는 사실에 놀라지 않을 수 없다.

자녀들은 평생 하나님의 선물이다.

이 말의 의미는 무엇일까?

자녀는 부모에게 성장하라고 준 하나님의 선물이다.

자녀들은 부모들에게 이렇게 말하고 있다.

"아버지, 어머니! 좀 배우세요. 너무 답답해요. 대화가 안 되잖아요. 세상이 너무나 빨리 변해가고 있어요. 변화에 적응하기 너무 힘들어요. 부모님 마음대로 양육하지 말고 좀 배우세요."

중년이 된 부모의 가장 치명적인 단점이 무엇인가?

성장하지 않는 것이다. 배우지 않는 것이다.

'나는 이미 생물학적으로 성장했으니, 어느 정도 고등교육도 받았으니 더 이상 배울 것도 없고 성장할 이유도 없다.'라고 생각하여 배우지 않는다. 성장이 중단된 부모에게 마음에 들지 않는 자녀의 행동은 부모에게 성장해야 한다는 메시지이다.

자녀와의 갈등 속에서 내 방식을 강조하기보다는 부모가 성장해야 한다.

자녀들이 성장하는 것은 자연스러운 일이며 하나님의 계획이다. 만약에 자녀들이 성장하지 않는다면 정신적 절름발이가 될 것이다. 자녀가 정신적으로 성장하게 되니 자율성과 주도성이 생긴다. 그러면 그때부터 자연스럽게 부모와 갈등이 일어나고 힘겨루기가 시작된다. 이것은 자연스러운 일이다.

자녀와 갈등이나 힘겨루기가 있다면 건강한 가정이다. 자녀들은 정상적으로 성장하고 있는 것이다. 만약에 자녀들이 성장하면서 갈등이나 힘겨루기 없다면 어느 한 편에서 위장을 하고 있다. 어떤 환경적 요인에 의해서 생존의 가면을 쓰고 살아가고 있는 것이다. 갈등을 일으키지 않기 위해 생존의 가면을 쓰고 살아간다면 다른 무엇으로 인하여 상한 감정이 새어 나오게 될 것은 자명한 일이다.

자녀들이 성장하면서 일어나는 갈등을 통하여 부모가 성장하는 지혜를 배워야 한다.

서로 다른 기질을 배워야 하고, 새로운 양육 방법을 터득해야 하며, 자녀의 내면에 일어나는 심리적 변화에 민감하게 반응을 해야 한다.

다섯 번째, 부모의 내면을 건강하게 하는 기회로 활용하라.

부모도 어린 시절을 경험하였다. 부모도 성장하면서 위로받지 못한 감정, 미해결된 감정, 상처 입은 감정들이 있다. 이러한 감정을 어떠한 요인에 의해 표현을 하지 못하고 내면 깊은 곳, 무의식 속의 깊은 곳에 묻어두었다. 무의식 속으로 들어간 위로받지 못한 감정들은 방어기제라는 틀 속에 갇혀 내 마음 깊은 곳에 자리 잡게 된다.

무의식 속에 위로받지 못한 감정은 사회생활에는 잘 나타나진 않는다. 그러나 결혼을 하면 가정에서 배우자와 자녀에게 나타나기 시작한다. 누군가 나의 무의식을 건드린다. 나의 내면에 있는 상한 감정을 발로 툭툭 찬다.

나의 무의식을 툭툭 차는 사람은 누구인가?

자녀들이며 배우자이다. 배우자나 자녀들은 나의 무의식을 발견하게 하는데 스승이다. 또한 나의 내면세계를 가장 잘 보이게 하는 스승이기도 하다.

자녀들이 나의 내면 깊은 묻어둔 위로받지 못한 감정을 툭툭 차게 되니 갑자기 화가 난다. 분노 조절이 잘 안 된다. 아이들만 보면 짜증이 나고 화가 난다. 배우자를 봐도 화가 난다. 그래서 부모들은 가정에서 화를 달고 산다. 손님이나 외부 사람이 있으면 아주 부드러운 표정과 상냥한 말을 하지만 가족끼리 있으면 순간적으로 톤이 높아지고 화가 치밀어 오른다.

자녀들은 부모의 내면에 있는 감정적 쓰레기를 끊임없이 드러나게 하여 성숙한 인격자로 나아가게 하는 진정한 스승이다.

구정물도 오래 있으면 위에는 맑은 물이 되고 아래에는 온갖 잡다한 쓰레기가 가라앉아 있다. 구정물 통을 가만히 두면 되는데 누군가 발로 툭툭 차게 되면 윗물도 더러워지고 아래에 가라앉아 있는 쓰레기가 둥둥 떠오르게 된다.

내면에 울고 있는 내면 아이를 가장 잘 볼 수 있는 곳이 가정이다. 자녀를 양육하면서 자신의 내면 아이를 보는 시간으로 활용하라. 그리고 내면에 있는 감정적 쓰레기를 발견하고 제거하여 건강한 부모가 되라.

필자는 부모교육을 하면서 목표를 이렇게 세운다.
'현재 성인이 된 내가 내면 아이에게 좋은 부모 역할 하기'
자녀는 부모 속에 있는 내면 아이를 보게 한다. 어쩌면 내면아이가 자녀를 양육하는 것일 수도 있다.

예를 들어, 옆집 아이가 넘어져서 다쳤다고 가정을 해보다.
그때는 현재 성인이 반응을 하여 이렇게 말한다. "다치지는 않았니? 많이 아프지?"
나의 자녀가 넘어지면 내면 아이가 반응을 한다. "조심하라고 했잖아. 넌 왜 그렇게 조심성이 없니,"라고 화를 낸다.

성적이 좋지 않다고 가정을 해보자.
옆집 아이라면 성인이 반응하여 "지금은 공부가 중요한 것이 아니고 건강하게 자라는 것이 중요한 거야. 다음에 열심히 하면 언제든지 잘 할 수 있어"라고 합리적으로 말한다.

우리 아이라면 내면 아이가 반응을 한다. "지금 공부를 하지 않으면 언제 공부를 하려 하느냐. 이것도 성적이라고 가져왔느냐. 도대체 누구를 닮아서 그 모양이니."라고 짜증과 화를 내며 충동적으로 말한다.

자기를 합리화 하며원인을 자녀 탓으로 돌린다.
"다 너 잘되라고 하는 것이다."
"너를 사랑해서 하는 말이다."
"교육적인 차원이다."

여섯 번째, 자녀들의 행동의 목적을 알라.

자녀는 어느 정도 자랄 때까지 윤리와 도덕, 옳고 그름을 모른다. 자녀 행동의 목적은 부모이다. '나는 부모에게 사랑을 받고 있는가?', '부모는 누구를 더 사랑하는가?', '나는 받아들여지고 있는가?'를 생각하면서 행동한다. 생각 없이 노는 것 같지만 자세히 살펴보면 일관성이 있다. 그 일관성의 핵심은 '사랑과 인정'을 받기 위한 것이다. 이 욕구는 영원히 없어지지 않는다. 성장하면서 대상만 바뀔 뿐이다. 그렇기 때문에 기질에 맞는 양육 방법과 사랑을 알아야 한다.

필자는 이 책을 통하여 부모들이 자녀들의 타고난 성격인 기질 유형에 맞게 자녀를 양육하기를 기대한다. 자녀들이 부모로 인하여 행복하고 환하게 웃는 얼굴로 성장했으면 한다. 그리고 부모도 자녀를 통하여 지속적으로 배우고 성장하여 자아실현의 삶을 살아가길 원하는 마음입니다.

[참고 문헌]

국내문헌

홍광수. 『기질로 읽는 내 삶의 프로파일』. NCD출판사. 2003.

손경구. 『기질학습과 영적 성숙』. 두란노. 2003.

홍광수. 『관계』. 아시아 코치 센터. 2007.

이상춘. 『다시 태어나는 중년』. 한문화. 2002.

이상오. 『CGRT자아발견상담』. 양서원. 2010.

홍광수. 『나를 찾아 떠나는 심층여행』. 도서출판 NCD. 2002.

용혜원. 『칭찬 한마디의 기적』. 청우. 2003.

오미라. 『도형심리로 통하는 관계심리학』. 북 셀프. 2010.

조신영, 박현찬. 『경청』. 워즈덤 하우스. 2007.

번역문헌

플로렌스 리타우어. 정동섭, 안효선역. 『자녀와 기질 플러스』. 에스라 서원. 2006.

플로렌스 리타우어. 정동섭, 안효선역. 『부부와 기질 플러스』. 에스라 서원. 2006.

플로렌스 리타우어. 정숙희역. 『자녀와 기질 플러스』. 에스라 사원. 1998.

도나 파토. 홍종락역. 『기질과 가정생활』. 생명의 말씀사. 2003.

찰스 F 보이드. 김영희, 허흔역. 『우리 아이는 왜 이럴까』. 디모데. 2001.

베블리 라헤이. 양은순역. 『기질과 자녀 양육』. 생명의 말씀사. 1978.

데이빗 스툽. 이지혜역. 『기질을 알면 자녀가 보인다』. 미션월드. 2001.

존 부라운더, 겐 보그스. 김영희역, 『사람들은 왜 나를 오해할까』. 디모데. 2002.

팀 라하이. 마영래역. 『기질을 알면 남자가 보인다』. 가이드 포스트. 2002.

팀 라하이. 권명달역. 『남성의 성격과 체질 이해』. 보이스사. 1993.

캔 블렌차드. 조천재, 정미우역. 『내 안의 리더』. 21세기 북스. 2009.

케빈 리먼. 윤종석역. 『타고난 성격으로 최고가 되라』. 비전 리더십. 2004.

W. 휴 미실다인. 이종범, 이석규역. 『몸에 밴 어린 시절』. 카톨릭 교리 신학원. 1987.

수잔 델린저. 김세정역. 『도형심리를 알면 대화가 즐겁다』. W미디어. 2007.

로버트 A롬. 박옥역. 『성격으로 알아보는 속 시원한 대화법 DISC』. 도서출판 나라. 2005.

스즈키 히데코. 권태경역. 『내 아이의 숨은 재능을 살린다』. 대청. 1997.